销售口才与实战技巧

滕龙江◎编著

云南出版集团

云南人民出版社

图书在版编目（CIP）数据

销售口才与实战技巧 / 滕龙江编著 . -- 昆明 ：云南人民出版社 ，2021.6
ISBN 978-7-222-20112-5

Ⅰ．①销… Ⅱ．①滕… Ⅲ．①销售－口才学－通俗读物 Ⅳ．① F713.3-49 ② H019-49

中国版本图书馆 CIP 数据核字 (2021) 第 117020 号

出 品 人：赵石定
责任编辑：李　洁
装帧设计：周　飞
责任校对：胡元青
责任印制：马文杰

销售口才与实战技巧
XIAOSHOU KOUCAI YU SHIZHAN JIQIAO

滕龙江　编著

出版　　云南出版集团　　云南人民出版社
发行　　云南人民出版社
社址　　昆明市环城西路 609 号
邮编　　650034
网址　　www.ynpph.com.cn
E-mail　ynrms@sina.com
开本　　710 mm×960mm　1/16
印张　　15
字数　　200 千
版次　　2021 年 6 月第 1 版第 1 次印刷
印刷　　永清县晔盛亚胶印有限公司
书号　　ISBN 978-7-222-20112-5
定价　　45.00 元

如有图书质量及相关问题请与我社联系
审校部电话：0871-64164626 印制科电话：0871-64191534

云南人民出版社公众微信号

前　言

如何说服客户买单?

如何与客户建立友好的关系?

如何让客户钟情于你公司的产品?

……

如何与客户沟通,决定着销售的成败,沟通顺畅了也就有了成功的希望。销售是一场集心理、体力与智慧于一体的较量,所以销售人员一定要精通沟通口才与实战技巧,因为每一次沟通都是探寻客户内心需求与心理底线的过程。名则与客户交朋友、聊天,实则探寻销售情报。因而,一个销售人员能否在与客户有限的几次沟通机会中,洞察客户内心,获得销售机会,就显得尤为重要。

作为一名销售人员,一旦具备了一流的口才,就能顺利地发展客户,争取到向对方推销的机会,也能在极短的时间里迅速地吸引客户的注意力，引起对方的兴趣，从而打开销售工作的局面，还能一步一步地激起客户的购买欲望，并最终说服对方作出购买决定。口才的影响力将会伴随着销售工作的整个过程，而销售口才的好坏，则会在销售工作的每一个环节上得以证实，因此，可以毫不夸张地说，销售的成功在很大程度上可以归结为销售人员对口才的合理运用与发挥。

一位成功的销售大师曾经说过，只要你拥有成功销售的口才能力，就能够拥有白手起家成为亿万富翁的机会。由此可见，口才在销售中的重要地位是毋庸置疑的，拥有优秀的口才是每一个销售员都梦寐以求的，也是成为一名优秀销售员应必备的前提条件。那么，究竟该如何提升口才技能呢？事实上是没有捷径可循的，这是因为适合别人的东西未必适合自己。所以，最好的方法就是要求大家在日常生活中，一点一滴地积累，去学习和探索那些切实可行的沟通与口才技巧，只有这样才能练就自己的"伶牙俐齿"。

本书力求以最经典的案例、最易于吸收的形式、最简洁的表达方式，通过大量鲜活、贴切的销售事例，总结出销售人员在与客户沟通过程中应掌握的销售口才与实战技巧，具有很强的可操作性和实用性。让每一个沟通策略都尽量能"一看就懂、一学就会、一用就灵"，让人迅速和轻松地提高销售业绩，拥有纵横驰骋的销售技能。

一句良言可使人终身受益，一本好书可改变人的命运。衷心地希望有志于销售事业、正从事销售事业以及每一位渴望取得辉煌成就，并志在成为销售精英的朋友都能够从本书中得到一些启发和帮助。

目　录

第一章　说好开场白，生意自然来

第二章　对于客户的诉说，要认真倾听

第三章　懂得赞美，把话说到客户心坎上

第四章　真诚的话语，是打动客户的最佳诀窍

第五章　突出卖点，让客户爱上你的产品

第六章　巧妙提问，赢得订单

第七章　保持冷静，正确处理客户异议

第一章
说好开场白，生意自然来

　　与客户初次见面的第一句话，是留给对方的第一印象。说好说坏，关系重大。开场白的好坏，几乎可以决定这一次见面的成败，换言之，好的开场，就是销售员成功的一半。

1. 一个好的开场白很重要

在销售过程中，我们对客户心中的想法还不清楚，因而会面的开场白非常重要，要引起对方的注意，接着让对方有兴趣听你说话。一个人时时在接受周围的各种刺激，但对于来自四面八方的刺激并非一视同仁，可能对某一刺激特别敏锐、明了，因为这成为他一刹那间的意识中心。假如听者的大脑意识中枢集中在说者的谈话上，那么此刻听者对于其他的刺激都不在意了。

打个比方，专心看电视的小朋友，任凭妈妈在旁边怎么呼喊都听不见。又比如参加考试的学生，当其注意力集中于试卷，对窗外的噪音也会充耳不闻。所以必须把客户的注意力集中到你们所谈话题上；客户会因高明的开场白而完全被吸引。

依照销售心理学的分析，最好的吸引客户注意力的时间就是当你在开始接触他的30秒钟，只要你能够在30秒钟内完全吸引住他的注意力，那么后续的销售过程就会变得轻松。在你一开始和客户接触的前30秒钟，你的行为或者你说话的内容，会让客户决定是不是要继续听你说下去。

有一个推销玻璃的销售员，他的销售业绩长久以来一直排在公司的第一名。在一次授奖仪式上，主持人对他说："你能把你的经验秘籍告诉大家吗？让大家同你一起进步。"这个推销员笑着回答道："其实，答案很简单，每次去拜见新客户时，我都会带着一把锤子和一些玻璃样品。当见到客户时，我就会问他：'你是否会相信安全玻璃，当客户表示否定的时候，我就会拿起锤子，在他们面前狠敲一下玻璃，而玻璃却不会碎。与此同时，客户通常都会表现出很惊讶的表情来。于是，我就会直接问他们需要多少这样的玻璃，然后客户就会很爽快地签订合约。"在他的这个秘籍公开后，几乎所有当地的玻璃销售员在推销玻璃时都会带上一把锤子和一些玻璃样品，以效仿他的做法。

但是，过了一段时间后，这名销售员的业绩仍然是最高的，他们很奇怪，这是为什么呢？于是，在另一个授奖仪式上，主持人再次问道："现在大家都做了和你一样的事情，但为什么你的销售成绩还是第一名呢？"推销员笑了一下说："其实，答案还是很简单的，上次说完那个秘诀之后，我就改变了做法，在问了客户相不相信安全玻璃后，我会把锤子交给他们，让客户自己砸玻璃，亲自感受一下。这样的效果会比他们只是看要好得多。"

该销售员的聪明之处就在于能够运用独树一帜的开场白，这样不仅减轻了客户的敌对情绪，还能缓解现场的紧张气氛。这样的开场白无疑是成功的。

松下幸之助也曾利用一个积极的开场白吸引了合作者，而让自己挖掘到了第一桶金，从一个默默无闻的小商店发展成为世界闻名的松下集团。最早，松下幸之助的店是经营建材商品的，刚刚摆脱亏损的困境。怎样才能赚一笔钱呢？恰在这时，松下从一个朋友那里得知，北海道阳光瓷砖厂召开订货会议。"阳春牌"瓷砖乃名牌产品，在本地很畅销，可惜他店小资薄，厂家根本看不上眼，更没发出邀请，因而无缘涉足。但松下想，这次订货会一定要参加，厂家没有发邀请，不要紧，他自有办法。

订货会那天，松下使出浑身解数终于弄到了一张代表证。在订货会上，厂家照例要向经销公司征求产品质量及其他方面的意见。松下想，像我这样的小店，厂家根本不会注意，得想办法引起厂家的注意。座谈会一开始，松下就第一个站起来发言。这一举动引起了厂家的注意：他是谁？哪个销售公司的？松下侃侃而谈，从瓷砖的性能到质量，品种到花色足足谈了20分钟。果然，厂家找上门来和他接触，探听虚实。松下见初步目的已达到，便如实相告：我店是个小店，资金不雄厚，名气也不大，我不请自来，一是仰慕贵厂的产品质量和良好的信誉，二是想求贵厂扶持一把。

厂家一听松下的肺腑之言，深为感动。平常遇到的客户，开口我公司资金多么雄厚，闭口我公司名气在本地如何如何大，今天可碰上了一个诚实的经销商，当下表示可以商量，最后达成协议：先发3万块瓷砖，货到后半个月内付款；随后又签订了20万块瓷砖的合同。

数天后,3万块瓷砖如期到货。由于松下回来后做了宣传促销工作，3万块瓷砖不到7天便销售了2万块，松下立即将款汇给厂家，虽然还没全部付清，但按规定已早付了8天，余下的保证10天内汇齐。厂家见松下如此讲信用，认为余下的款即使迟上几天，恐怕也是最讲信用的经销商了。

松下幸之助之所以能够成功，正是因为他先声夺人的开场白和诚实的态度引起了厂家注意，从而得到了自己想要的结果。

在约访客户时，前几分钟是至关重要的，并且在很多时候，第一句话留给对方的印象可以关系到整个交易的成败，即开场白的表达方式会决定是否能够打动客户的心。如果你一开始就吸引了客户的注意，那么很可能整个交易过程都会变得很顺利。

一个好的开场白，应该具有以下四个特点。

（1）要有趣

开场白必须能够吸引住客户，让对方对你或产品产生兴趣，产生想进一步了解的欲望。

（2）要简洁

迅速切入主题，过多的闲聊很可能意味着浪费客户的时间。

（3）推迟对策介绍

不必一开始就提供方案或解决对策，那样可能提前制造异议，使交流的时间过多浪费在处理异议上。

（4）要善于随机应变

不同的客户有不同的心理特质、性格特征，因此你的开场白也应该根据不同的顾客和氛围有所区别。

总而言之，在实际销售过程中，如果你的开场白足够吸引人，能够在开场的那短暂时间里抓住客户的心，那么接下来的推销活动会比想象中容易得多。

2. 初次见面，可以不谈销售

在销售过程中，当很多销售员满怀热情地去销售产品时，常常是一开口就遭到了拒绝，大多数目标人群可能告诉你他没时间或者对你的产品根本不感兴趣。之所以遭遇这样的尴尬有三个原因。其一，客户真的没时间；其二，客户对销售抱有抵触心理；其三，销售的对象不明晰。那么如何避免一开口就遭到拒绝这样的尴尬呢？

美国著名的保险销售员乔·库尔曼在29岁时就成为美国薪水最高的销售员之一。一次，乔·库尔曼想预约一个叫阿雷的客户，他可是个大忙人，每个月至少乘飞机飞行10万英里。乔·库尔曼提前给阿雷打了个电话。

"阿雷先生，我是乔·库尔曼，理查德先生的朋友，您还记得他吧。"

"是的。"

"阿雷先生，我是人寿保险销售员，是理查德先生建议我联系您的。我知道您很忙，但您能在这一星期的某天抽出5分钟，咱们面谈一下吗？5分钟就够了。"乔·库尔曼特意强调了"5分钟"。

"是想销售保险吗？几星期前就有许多保险公司都找我谈过了。"

"那也没关系。我保证不是要向您销售什么。明天早上9点，您能抽出几分钟时间吗？"

"那好吧。你最好在9点15分来。"

"谢谢！我会准时到的。"

经过乔·库尔曼的争取，阿雷终于同意他拜访了。第二天早晨，乔·库尔曼准时到了阿雷的办公室。

"您的时间非常宝贵，我将严格遵守5分钟的约定。"乔·库尔曼非常礼貌地说。

于是，乔·库尔曼开始了尽可能简短的提问。5分钟很快到了，乔·库尔曼主动说："阿雷先生，5分钟时间到了，您还有什么要告诉我吗？"

就这样，谈话并没有结束，在接下来的10分钟里，阿雷先生又告诉了很多乔·库尔曼想知道的东西。

实际上，在乔·库尔曼约见的许多客户中，有很多人是在5分钟后又和乔·库尔曼说了一个小时，而且他们完全是自愿的。

约访但不谈销售可以避免自己的销售行为被掐死在摇篮中，而且也能了解更多的客户信息。乔·库尔曼就是本着这一原则，在很多的约访中坚持不谈销售，从而消除了客户的警戒心理，确保了和客户的面谈机会，同时也赢得了客户的好感。

采取"初次见面，可以不谈销售"的方式首先第一步要做好预约，只有这一步做好了才有可能与客户见面。好的预约会给客户留下良好的印象，为下次的良性互动和销售的顺利进行创造条件。这正是心理学中首映效应阐述的道理。首映效应是指两个陌生人在首次接触时，如果第一印象感觉良好，那么以后的交往也会相对顺利。销售员在预约过程中要善于运用人们的这一心理，把握时机争取和客户面谈。

与客户预约一旦成功，销售人员在拜访客户时，一定要注意以下几点。

（1）遵守诺言，不谈销售

由于你在电话里已经与客户说好了不谈销售，所以销售人员一定要遵守诺言，除非客户自己主动提及，否则不要介绍公司产品以及相关的内容。如果你自己违反了诺言，客户会认为你是一个不可信的家伙。

（2）说话速度不宜太快

语速太快不利于对方倾听和理解，同时也不利于谈话的进行，因为语速太快会给对方一种压力感，似乎在强迫对方听你讲话。

（3）不占用客户太多时间

说占用对方几分钟的时间就占用几分钟，尽量不要延长，否则客户不但认为你不守信用，还会觉得你喋喋不休，那么下次你再想约见他恐怕就很难了。当然，如果客户自己愿意延长时间与你交谈那就另当别论了。

（4）让客户说话，多了解有用的信息

销售员在拜访客户的时候尽量多问问题，多听客户说话，这样做的目的一来是为了让销售员多了解客户的信息；二来是为了变单向沟通为双向沟通，让客户由被动接受变为积极参与。

（5）保持良好的心态

销售员在拜访客户时，不但不要提及销售，还要保持良好的心态，要面带微笑、声音悦耳，微笑地说话，不要给自己和客户压力，这样在客户面前你才会显得更有亲和力。

3. 记住客户的名字并准确称呼

成功学大师卡耐基说："记住，不论在哪一种语言之中，一个人的名字都是最甜蜜、最重要的声音。"对于名字的主人来说，名字就代表着他自己在别人心中的位置，忘记了他的名字，就等于忽视了他这个人的存在！在交往中，我们想要认识或接触一个人时，往往先从他的名字开始，这是人际交往的第一步。在销售中也是这样。谁都喜欢被别人叫出自己的名字，所以不管客户是什么样的身份，与你关系如何，你都要努力地将他们的容貌与名字牢牢记住，这会使你的销售畅通无阻。如果你一开始就叫错了客户的名字，那接下来势必无法谈下去。

一位销售员急匆匆地走进一家公司，找到经理室后敲门进屋。

"您好，罗杰先生，我叫约翰，是公司的销售员。"

"约翰先生，你找错人了吧？我是史密斯，不是罗杰！"

"噢，真对不起，我可能记错了。我想向您介绍一下我们公司新推出的一款投影仪。"

"我们现在还用不着投影仪。"

"是这样。不过，我们有别的办公用品。这是产品资料。"约翰将印刷品放在桌上，"这些请您看一下，有关介绍很详细的。"

"抱歉，我对这些不感兴趣。"史密斯说完，双手一摊，示意走人。

准确地记住客户的名字在销售中具有至关重要的作用，甚至这种销售技巧已经被人们叫作记名销售法则。美国最杰出的推销员乔·吉拉德就能够准确无误地叫出每一位顾客的名字。即使是一位五年没有见过的顾客，但只要踏进乔·吉拉德的门槛，他就会让你觉得你们是昨天才分手的朋友，并且他还非常挂念你。他这样做会让人感觉自己很重要，觉得自己很了不起。如果你能让某人觉得自己了不起，对方将更愿意满足你的需求。

记住别人的名字是非常重要的事，忘记别人的名字简直是不能容忍的无礼。因为能够热情地叫出对方的名字，从某种程度上表现了对他的重视和尊重，而对方对你的好感也会由此产生。

如果你还没有学会这一点，那么从现在开始，留心记住别人的名字和面孔，用眼睛认真地看，用心去牢记。

要牢记客户的名字，准确称呼客户，可参考下面四个方法：

（1）用心听、记

把准确记住客户的姓名和职务当成一件非常重要的事，每当认识新客户时，一方面要用心注意听，一方面要牢牢记住。若听不清对方的大名，可以再问一次："您能再重复一遍吗？"如果还不确定一，那就再来一遍："不好意思，您能告诉我如何拼写吗？"切记！每一个人对自己名字的重视程度绝对超出你的想象，客户更是如此！记错了客户名字和职务的销售员，很少能获得客户的好感。

（2）不断重复，加强记忆

在很多情况下，当客户告诉你他的名字后，不超过10分钟就被忘掉了。这个时候，多重复几遍，以便记得更牢。因此，在与客户初次谈话中，应多重复几次对方的称呼。如果对方的姓名或职务少见或特别，不妨请教其写法与取名的原委，这样更能加深印象。

（3）用笔辅助记忆

在取得客户的名片之后，尽量把对方的特征、爱好、专长、生日等写在名片背后，以帮助记忆。若能配合照片另制资料卡则更好。不要一味依赖自己的记忆力，万一出错，则得不偿失。

（4）运用有趣的联想

对于客户的称呼，如果能利用其特征、个性以及名字的谐音产生联想，也是一个帮助记忆的好方法。

4. 让你的开场白充满热情

"是李先生吗？您好！我姓王，是华科公司的业务代表。由于我听说您是位成功人士，所以我就想向您介绍……"

李先生立刻说："王先生，你过奖了，很对不起。我现在很忙，这个产品对我来讲也没有什么吸引力。"

说完，李先生就挂断了电话。

这名销售员的失败，并不是由于他说话没有礼貌，也并不是他缺少热情，主要的原因是他太过奉承了。一张嘴就给对方扣了一个什么"成功人士"的高帽，这样的高帽子给对方的感觉是他在刻意地推销，太急功近利了，从而使对方产生了一种排斥心理，必然也就会被对方很快地挂断了电话。

在你想以情动人之前，自己心中一定要先充满感情；在你想催人泪下之前，自己必须先信服；要使他人相信，自己就必须先相信。在你和客户沟通的过程中，无论是你的动作还是心情都会影响到你的开场白，因此，如果你想要给客户一个热情洋溢的开场白，那么就必须报以满怀的热情，并尽量做到以下几个方面：

（1）调整好你自己的心态

由于一个人的心情是很容易左右自己语言的，因此当你感到愁眉不展时，你就会觉得自己很痛苦、很脆弱，说话的声音也会随之变得低沉，甚至是有些含糊不清。如果客户面对你以这种口气的话，说不定他就会受到你情绪的影响，而变得和你一样愁眉不展，或者变得很烦闷，结束与你的对话。因此，当你决定向客户说出开场白之前，如果此时的心情不是很好的话，那么就要先把自己调整到一种舒适、积极的状态，再与客户开始沟通，这样让对方觉得舒服，进而保证沟通的顺利进行。

（2）要训练好你的声音

当自己听到自己的说话声音时，会觉得声音是通过空气传播的，而事实上，声音传播的介质还有脸部肌肉和骨骼，别人听到的你的声音与自己听到的就会有所不同。

因此，你必须要习惯自己真实的声音，并根据自己真实的声音加以训练，以自己的声音达到悦耳动听的目的。训练自己声音的方法有很多，主要采用录音方式，销售员应该经常把自己说话的声音录下来，加以判断和比较。这样就可以根据实际情况，来有意训练自己的声音往更好的方向发展。

（3）学会多使用一些积极的词语

在保持积极的心态的同时，还要多用积极的词语，因为这也会让你的声音更加的悦耳动听。心理学研究表明，人的大脑是不善于接受否定说法的，并且在人的潜意识中，习惯听取否定词后的内容，且把它当作事实的一部分。如果你对客户说："当使您用了这种产品后，就不会烦躁了。"客户就会听到"烦躁"一词。因此，你应该这样对客户说："当您使用了这种产品后，您的心情就会更加地愉悦。"

使用积极、肯定的词语不但符合心理学上的说法，就是在个人感受上，也是舒服的。如果销售员对客户说："真不好意思，让您久等了。"客户感觉到的是"久等"的痛苦；如果销售员换种说法说："非常感谢您的耐心等待。"客户感觉到的将会是"耐心"，即对其品格的认同。

5. 激发客户的好奇心

寿险销售员："吴总，假如我这里有十公斤软木要卖掉，您愿意出多少钱？"

客户："我不需要什么软木呀，所以没必要出钱。"（惊讶地看着销售人员）

寿险销售员："好的，我再问您，如果您现在坐在一艘正在下沉的小船上，生命遇到了危险，我可以救您，但前提是您必须答应付我十万元的酬金，您愿意答应我的条件吗？"

客户："这个嘛……呵呵，你怎么会问我这样的问题？"

这位寿险销售员在与客户谈话之初，并未急于向客户推销自己的寿险险种，而是问一些似乎与销售无关的、稀奇古怪的问题，这让客户感到非常意外，于是就会产生听下去的欲望。这位寿险销售员开场白的成功在于他能够掌握客户的心理，即客户的购买是建立在需求的基础上的。他向客户提出的第二个问题就是一个很好的铺垫，而且这样的问题能够完全吸引住客户，可谓一箭双雕。

众所周知，好奇心的产生是因为外界的现象对大脑产生了一种刺激，使大脑的某些区域处于一种亢奋的状态中，进而引起人对外界事物产生了关注的心态。在现代营销学中，一些营销专家通常会把这种心理运用到营销策略中去，并明确地指出了能够引起客户好奇心的重要性，即谁能够引起客户的好奇心，谁就有了成功推销的基础。

当初次与客户见面时，你的开场白是具有关键性作用的。如果你的开场白能够引起客户的兴趣，那么你的推销任务就已经成功了一半；反之，如果客户对你的开场白理都没有理的话，更别提感兴趣了。此时，你就不用期待客户能有耐心听你下面的话了。

每个人都有好奇的天性，一旦有了某个疑问，就希望探明究竟。为了激发起客户的强烈兴趣，销售员可以使用制造悬念的方法。你可以在开场白中制造某种悬念，以激起客户的好奇心，从而促使其尽快地进入自己的主题框架中去。

但是，需要注意，制造悬念不是故弄玄虚，既不能频频使用，也不能悬而不解。在适当的时候应解开悬念，以使客户的好奇心得到满足，而且也使前后内容互相照应，结构浑然一体。这样便在不知不觉中把自己的产品介绍给了客户。当然，在运用这一方法时，一定要注意提问的方式，应该针对对方注意的事项进行提问，并且一定要把意思表达清楚，不要让顾客有一种含糊不清的感觉，否则就会起到适得其反的作用。那么在激发客户好奇心的开场白的过程中要注意以下几方面。

（1）销售员要想吸引客户的谈话兴趣，就要避免直接谈论产品，而是从侧面着手，进行有效开场。有效开场的关键在于语言运用得巧妙。

（2）好奇心式开场白的使用重在新奇，因为只有这样才能吸引客户的聆听兴趣，所以这种开场白的使用通常要求销售员能够灵活应对，并且有丰富的销售经验。

（3）开场白只能占用客户很短的时间，可以暗示其不会耽误他太长时间，从而避免客户产生反感。

（4）在表述开场白时，要注意说话时的方式，只凭借足够的自信还不够，在声调和语速上也要注意适度，切忌过于急躁。

总而言之，好奇心是人类的天性。如果，销售员能合理地利用客户的好奇心，那么你的推销之路将会走得顺畅、成功。

6. 开场白不能用批评口气

不自主地说批评性话语，是许多销售员的通病，尤其是新销售员，有时他们讲话不经过大脑，脱口而出伤了别人，并且自己还不觉得。比如，见了客户第一句话便说："你家这楼真难爬"，"这件衣服不好看，一点都不适合你"，"这个茶真难喝"，"你这张名片真老土"以及"活着不如死了值钱！"这些脱口而出的话语里包含批评和讽刺，虽然只是无心的批评指责，只是想打一个圆场有一个开场白，但在客户听起来，感觉就不太舒服了。

有一次张小姐去逛一家百货公司，在鞋子的专卖区内看到有一双鞋感觉很不错，于是当场就试穿了起来，当她的一只脚刚套上鞋子，就见销售人员匆匆走过来，严肃地对她说："小姐，难道你不觉得直接站在这边试穿鞋子是一件很难看的事情吗？不感觉有失大雅吗？"销售员的一句话让张小姐脸都红了，于是急忙将这只鞋子脱下来，换回自己的鞋子快步离开了，后来她说："当时感觉自己似乎是犯了多大的罪似的，让她这么批评我，我本想和她理论，但一想到自己已经被她说得很没有面子了，'逃走'可能是当时最好的选择吧。后来，她在很长一段时间都不敢再到那个专柜去了。"

其实，大家都知道这名销售员的目的，只是想提醒顾客而已，她是希望顾客能去试衣间去换鞋子。但是，她那种斥责的语气，任谁听了都会觉得不自在。其实，她如果说："小姐，试衣间里面有椅子可以坐，试穿比较方便，您蹲在地上会很难受。"这样说不是很好吗？像那种带有斥责的话，通常会使顾客产生反感的。

王阿姨第一次去一家自助式的快餐店吃饭，恰好隔壁坐着一对中年夫妇，只见他们吃完后，直接起身就走了，碗盘子等餐具都放在桌上没有自己拿到回收台去。王阿姨以为这里虽说是自助餐，是不是吃完后放着就可以走人的，于是她吃完后，也就没有将自己用过的碗筷送到回收台，也是学着那对夫妇一样起身就走，结果刚走一两步就被服务生叫了回去，这个服务生说："这位阿姨，我们这里是自助式的，吃完的餐具一定要放在回收台里，要自觉啊。"

王阿姨听到对方有用这种谴责的口气对她说话，虽然也觉得很不好意思，但她还是指了指隔壁桌，解释说："我是看隔壁的没收，才想说应该不用收的……"

服务生看了一眼，随口应了一声："哦，他们可能是忘了，我等一下跟他们讲。"

王阿姨一听这句话，忍不住回敬他："人家早走没影了，你要告诉谁去啊？"

服务生大概也知道自己口误，但被抓住把柄使他恼羞成怒，便大声对王阿姨嚷道："反正这里是自助式的，你一定要自己收。"

王阿姨听到这句话后，便火冒三丈地呛他说："我今天就偏不收了，你想让我收，可以，先在那里放着，等你们店关张的时候我再来收！"

此时，大家应该明白，只要从事销售工作哪怕只有一天，就没有斥责客户的权利。其实，只要你冷静地想一想，就会发现所有的斥责都可以用劝导来代替。

总而言之，大家要记住，以一种严苛的批评口吻对待顾客，是最忌讳的做法。其结果，不仅无法提高自己的销售业绩，还会对公司造成极大的损害。

7. 避免使用自杀式开场白

有两个顾客一起来到某电器专卖店，他们想看一看电饭煲。经过一番挑选后他们看中了一款"花花"牌的新品，而且这个货架上明确标注，购买此商品还可以赠送炒锅和砂锅。

但是，"花花"牌电饭煲的销售员没有在。这时，旁边有一个"乐乐"牌电饭煲的促销员过来招呼："你们是看上这一款电饭煲了吗？"

"是的，我们想问一下，上面标的价格现在还能再降一点吗？另外，这个砂锅应该也是赠品吧，我们可以拿下来看一下吗？"

"你说这个啊，价格就是上面标注的，是一点也不会降的。而这个砂锅也不是这款电饭煲的赠品，是旁边的一款的。"

"怎么可能呢，那上面明明写着是这款电饭煲的赠品吗！"

"你这人真是的，我跟你说了，不是就不是。你要是买这款电饭煲呢，就赠一个锅，不划算的，而且这款电饭煲温度不容易控制，经常会使米饭糊锅。还是来看看我这边的吧，我这边的不但便宜，而且质量好。"

这时，一直站在旁边的一位阿姨说："你怎么可以这样贬低人家的产品呢，明明是赠品还说不是。这足以说明你这个人的人品不怎么样，你推销的东西谁敢买啊！"她的这番话引起了这两个顾客的共鸣，都点了点头，愤愤地离开了。

首先，要说明的是这位销售员用的就是标准的自杀式开场白。他先谎称对方没有赠品，继而就说对方产品存在的一些缺点，像这种自吹自擂、诋毁别人、礼貌欠佳的销售员只会引起顾客的反感，从而拒绝购买其推销的产品。因此，当销售员在提高自身素质的同时，应该学会避免使用自杀式开场白。

所谓自杀式开场白，顾名思义，就是一种比较糟糕的开场白，这种开场白说出之后，经常会引起顾客的反感、厌恶或伤害顾客的自尊心，从而导致销售员无法与顾客进行沟通。关于这种自杀式开场白在商场或超市里是很容易听到的，如"关于这一点我没有理解清楚""对不起，我这个人不太会说话"及"对不起，我真的是太紧张了"等。当销售员在说这些开场白时，本想表示出谦虚和礼貌，但作为顾客来讲就不这么认为，他们可能会因此更加注意你的紧张、缺点及失误。

在推销的过程中要做到尽量避免使用下面这几种常见的自杀式开场白。

（1）低三下四式

这类销售员在和顾客沟通时，开场白通常是这样的："您好，是王先生吗？首先我为我突然到访请求您的原谅。我本来是不想打扰您的，但思考了很久，还是想和您沟通一次。我只是想，我也许能使您对我们公司的最新产品感兴趣。"

销售员这么说也许是为了表示谦虚，自认为这样做是可以赢得顾客的好感。殊不知，当一连串的虚拟语气词冒出来的时候，表现出来的是这个人极不自信，面对不自信的销售员，顾客就会想：会不会是产品存在什么缺陷？他是不是有其他的借口？他是不是一直卖不掉产品呢？使用这样的开场白，容易导致客户由怀疑你进而怀疑到产品。

（2）自吹自擂式

这类销售员在与客户沟通时，开场白通常会是这样的："王先生，我今天会过去让您见一个您从来没有见过的产品，它的优点现在被认为是不可估量的，现在我们公司已经在全世界范围内提供这种产品了，虽然只是短短的两周时间，但是其销售异常火爆，而这一切是缘于产品的精密性是其他产品无法达到的。"

关于这种说法任何客户都会马上产生怀疑的。首先，客户会认为这个人多数是个骗子，产品多数是虚假的。如果还不马上停止吹牛的话，那么接下来客户的情绪很快就会上升到抵制的态度了。但是，即便现在停止吹牛，也是很难挽回这位销售在客户心中的形象了。因此，在整个销售过程中，这种吹牛式开场白是绝对要避免使用的。

（3）自我中心式

当这类销售员在与客户沟通时，开场白通常会是这样的："王先生，我3点就到您那里去，向您展示一下我们最新型摩托车的工作方式，请您给我5分钟的时间让我给您全面演示一番，我只需要5分钟就够了。我想，

5分钟的时间您肯定有的吧？"这种强势的销售口气，会让客户感觉到在这个过程中，好像只有销售员才是最重要的，他就会觉得自己似乎只有被说服的份了，这样就直接导致其自尊心受到损伤。面对这样的销售员，客户出于礼貌，最多也就要个样本或产品介绍之类的，然后就会结束和销售员的沟通。此时，销售员肯定会失去向客户进一步介绍产品的机会。

（4）无所知式

当这类销售员在与客户沟通时，他们的开场白通常会是这样的："您好，王先生，我虽然在这个地区工作有三年了，平日里会经常路过您的大楼。今天我特意过来拜访您，就想看看这栋大楼里面到底有些什么。"大家要明白这种方式和低三下四式并不相同，这种方式只是尽量回避自己知道的一些东西，从而想给客户留出更大些的空间，以便增加与客户沟通的机会，从而与客户拉近距离。

殊不知，采用这种方式也是大错特错的，给顾客的感觉并不是销售员想象的那样美好。因为，每一个老板都认为自己的公司是世界上最好、最有发展前景的。然而，销售员的这一套说辞，恰好反映出他不知道客户的公司是什么类型的，这自然会严重打击客户的自尊心，使沟通不可能顺利进行下去了。

如果谁不小心运用了这些自杀式开场白的话，通常会使自己陷入尴尬的境地。因此，要尽量避免。但是作为一名销售员，自信和诚恳是其必须具备的品质，真正明白了这一点的话，自然就会很少出现上面的问题了。

8. 优秀销售员常用的开场白

在很多的情况下，销售员与客户沟通的开场白几乎可以决定一次访问的成败，换句话来讲，一个好的开场白，就是销售成功的一半。优秀销售员常用以下几种开场白来"招揽"顾客。

（1）以金钱为"诱饵"

一谈到金钱的话题，几乎所有的人都会感兴趣，也就是说省钱和赚钱的方法是很容易引起客户兴趣的。

①"孙经理，我是来告诉你可以让贵公司节省一半电费的方法的"。

②"张厂长，我们已经做过实验了，我们的机器要比你目前所使用的机器速度快得多，耗电也少好多，同时它的精确度更高，总之能够降低你的生产成本。"

③"李经理，你愿意每年在服装生产上节约10万元吗？"

（2）将很有影响力的第三人推出来

可以告诉客户，自己是其某位亲友介绍来的，其实，这也是一种迂回战术，因为每个人都有"不看僧面，看佛面"的心理，所以大多数人对亲友介绍来的销售员都是很客气的。

打别人的旗号来推销自己的产品虽然管用，但一定要确有其人，绝不可自己杜撰，否则，一旦露出马脚就会失去客户的信任。当然，为了取信顾客，若能够出示引荐人的名片或介绍信的话，效果会更佳。

（3）适当的时候以一些著名的公司或人物为例

很多时候，人们的购买行为常常会受到其他人的影响，因此作为一名销售员，如果能把握和利用好客户的这层心理的话，一定可以收到意想不到的效果。

"李经理，由于升腾公司的余经理采纳了我们的建议后，公司的经营状况已经大有起色。"

要知道，通过举一些著名的公司或人为例，是可以壮自己的声势的，特别是举的例子若正好是客户感兴趣的公司或是人，效果就会更显著。

（4）利用产品

销售员可以利用自己所推销的产品来引起客户的注意和兴趣，用产品的魅力来吸引客户。

①河北省某乡镇企业厂长张某把该厂生产的一些款式新颖、做工考究的皮鞋放到北京某商厦经理办公桌上时，经理不禁眼睛一亮，问："哎呀，这是哪产的？多少钱一双？真是太好了。"

②还有广州表壳厂的一个推销员到上海手表三厂去推销自己的产品，他们提前准备好了一个产品箱，里面放上很多制作精美的新产品，进门后都没有说太多的话，就把箱子打开，一下子就吸引住了在场的人。

（5）学会向客户"求教"

这方法就是销售员装不懂，向客户请教问题，以引起客户注意。此方法很适合那些好为人师，喜欢指导、教育别人，或者显示自己的客户。

"王总，我知道您在计算机方面是公认的专家。这是我公司刚刚开发的新型电脑，请您多多指导，不知道在设计方面还存在什么问题没有。"

大部分好为人师者在受到这番恭维后，都会接过计算机的资料信手翻翻，一旦被其先进的性能所吸引，推销便大功告成了。

（6）强调产品的与众不同

每一名销售员都要有自己独特的推销方法与推销风格，因为只有这样才能不断地吸引更多客户的注意。

日本有一位做人寿保险的销售员，在他的名片上印有"76600"的数字。当客户接过他递过来的名片后，第一个反应就是感到奇怪，会问："咦，这个数字是什么意思啊？"

这时，销售员就会反问道："您知道自己一生中吃多少顿饭？"这个问题可以说没有一个客户能答得出来。

于是，销售员就会接着说："是76600顿。假定退休年龄是55岁的话，再按照日本人的平均寿命来计算，到现在您只剩下19年的饭，即20805顿"。

这位聪明的销售员用一个新奇的名片吸引住了客户的注意力。

（7）不可忽视赠品的魅力

要知道很多人都有贪小便宜的心理。所谓的赠品，就是利用人们的这种心理进行推销。

权威的推销专家戈德曼博士曾强调过，在面对面推销中，如何说好第一句话，在整个推销过程是十分重要的。这是因为客户听销售员的第一句话要比听以后的话认真得多。就在听完销售员说的第一句话后，许多客户就会决定是尽快打发销售员走，还是继续谈下去。因此，销售员要尽快抓住客户的注意力，只有这样才能保证销售的顺利进行。

（8）以坦白自己的来意开场

销售人员在面对一些客户时，坦白自己的来意与目的，比遮遮掩掩效果会更好。

如果你是一个药品销售员，一进药店的大门，就可以大胆地向对方表明自己的来意："您好，我是××制药公司的×××。我今天来是要跟贵店洽谈代销药品的事情……我真心地希望能跟贵店合作，希望贵店……"

在这个开场白中，如果你没有这一番直接道明来意的介绍，没有很清楚地向药店店员说明前来的目的，没有表明自己的合作诚意，药店店员则很可能将你当成一名普通的消费者，为你推荐药品、介绍药品功效等服务。而后你突然说："我不是来买药的，我是××厂的销售员……"那么药店店员可能会有一种强烈的被欺骗的感觉，对你的药品销售产生反感情绪，这时，你要再想展开销售工作肯定就困难了。

以下是一些可借鉴的成功例子。

"下午好，林先生，我是大东公司的小静。我今天打电话给您的原因是我们刚刚成功结束与哈雷公司的一次重要合作。我希望下个礼拜能到您那里拜访，告诉您我们与哈雷公司合作的成功经验。您看什么时候方便？"

"上午好，汪先生，我是卓越公司的小林，我今天特意来拜访您，是为了告诉您提高工作效率的方法。我深信，同哈雷公司一样，您也会对这个产品感兴趣。"

如果客户能够对销售人员的话题感到好奇，就等于让客户闻到牛排的香气，听到炸牛排的吱吱响声，但客户却看不到牛排在哪里，从而让客户产生希望了解事情真相的兴趣。

如果一位销售人员知道怎样通过开场白让客户对产品产生兴趣，那么他的业绩一定出类拔萃。

杨文化到广州之后的第一天，要见面的对象是一家电器公司人力资源部的李先生，他想尽快找到一份工作。两人的对话内容如下。

杨文化：李先生，您好！现在接电话方便吗？

李先生：方便，您是哪位？

杨文化：我姓杨，您叫我小杨就可以了，很高兴通过朋友的介绍拨通您的电话，今天冒昧来见您是有一件事情想要请您帮个忙，大概会耽误您一到两分钟的时间，可以吗？

（自我介绍时自称小杨，是对客户的尊重，关键是当小杨十分有礼貌地对李先生说，"有件事情想要请您帮个忙"的时候，对方会很好奇自己究竟可以帮对方什么忙，对话就可以顺利地进行下去了。）

李先生：什么事情？

杨文化：其实我是一个刚到广州的年轻人，我希望能够寻求一个在电器行业发展的机会，我以前从事过家用电器销售工作，而且有过非常成功的经验，我百分之一百、百分之一万地相信自己可以帮助贵公司提高卖场销售的业绩，今天来见面，只是希望您能给我一次五分钟的见面机会，向您当面介绍一下我用什么样的策略与方法帮助贵公司提高销售业绩，您看好吗？

李先生：原来是这样呀，好，那你过来吧！

（成功获得约见的机会，工作和生存的问题就有机会解决。）

下面是一家培训公司的销售人员苏楚生与互联网行业的客户陈醒的对话，销售的具体产品为苏楚生所在公司的网络学习课程，开场白中引发客户兴趣的部分内容如下：

苏楚生：早上好，陈经理，现在接电话方便吗？

陈醒：方便，哪位？

苏楚生：我是德威的苏楚生，陈经理，今天我打电话给您是向您真诚道歉的，希望您接受！

陈醒：道歉？你为什么要道歉？

（客户听了这通莫名其妙的道歉，根本搞不清楚发生了什么事情，这个叫作苏楚生的人为什么要道歉？这是一件非常奇怪的事情。）

苏楚生：是这样的，陈经理，前几天我们公司组织了一次针对互联网行业的调查活动，主要是想了解目前互联网行业销售人员与客户沟通的能力，所以我们对咱们××公司进行了一次调查，但事前并没有通知您，所以希望您看在我们很努力的份儿上，不要放在心上，好吗？

（给出道歉的理由。）

陈醒：原来是这样呀，其实也没有什么关系。

苏楚生：谢谢您的大度，不过既然今天给您打了电话，如果您不介意的话，我就将咱们××公司销售人员沟通能力的调查结果向您做个简短的汇报，也算是一个补偿，可以吗？

（客户是负责销售这一块的经理，对于自己手下员工的沟通能力自然十分关心，也很好奇自己的下属现实工作之中是如何和客户沟通的。）

陈醒：可以，可以！你说说看，是什么结果？

苏楚生：不过陈经理，如果我说贵公司的销售人员还有做得不够完善的地方，您不会怪我吧？

（一般公司领导最关心的就是自己的员工做得不好的地方，总是喜欢找员工的缺点。）

客户：不要紧，你照直说就好！

每个人心中都有获得别人理解和赞美的渴望，这是人的天性，如果销售人员能够找到赞美客户的话题，谈论客户自豪的事情，于情于理客户怎么也要给这个可爱的人几分钟时间，对话就进行下去了。

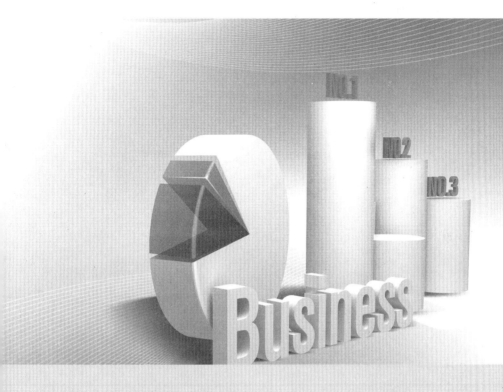

第二章
对于客户的诉说,
要认真倾听

　　客户在说话时,不要随便打断客户的话,也不要随便反驳客户的观点,一定要弄清楚客户的意图后再发言。认真地听客户把话说完,理解、认同,最终会赢得客户的好感,再谈产品的订单时就容易多了。

1. 倾听是一种有效的销售技巧

有位哲学家曾说过"自然赋予我们人类一张嘴、两只耳朵，也就是让我们多听少说。"倾听是迈向智慧、成功的第一步，善于倾听，对销售员来说是最基本的要素，是一种有效的销售技巧。

杰森和露丝是一对恋人。露丝的生日要到了，杰森决定带着露丝一起去买一件露丝喜欢的生日礼物。

在逛街过程中，露丝看中了一套名牌服装。杰森一看标价牌就倒吸了一口冷气——6880元。杰森感觉这衣服太贵了，但看着女朋友那渴望拥有的眼神，他只好横下一条心，做好跟店主杀价的准备。

杰森："我想给我女朋友买一件生日礼物。她看中了你们店里的这件衣服，但你们卖得太贵啦，能不能便宜点？"

店主："不怕不识货，最怕货比货。表面上看这件衣服很贵，但比较下来，它却一点都不贵！您要知道，这可是意大利名牌，又是今年的最新款式，我们现在已经是最实惠的价格了。如果您有诚意购买，我最多可以给您打九五折！"

杰森还价道："六折！"

店主："这不可能！哪有这么便宜的，这个折扣我连进货都进不了。如果哪有这么便宜的货，您找来卖给我好了，有多少我进多少。这样吧，看您也是有心购买，给您一个最低价，九折！不能再低了。"

杰森："九折还是太贵了，能不能再便宜点？八折！"

店主："不能再低了！这套衣服和很多衣服比较起来，确实显得有些贵。然而，像这么名贵的衣服就要穿在那些高雅的女士身上。像您女朋友这么漂亮，就应该穿上这样一套衣服。您先让她试穿一下这套衣服，我敢保证一定很好看。穿上试试吧？"

店主希望给客户一个购买的身份，同时引导客户体验拥有的感觉。当露丝把衣服试穿到了身上后，店主马上说："您看，你们看，多好看！多显档次和高雅！您真幸福，有这么好的男朋友，能给你买这么好的生日礼物。我开了这么久的店，很清楚只有那些真正爱他女朋友的男孩子，才舍得买这么名贵的衣服给他的女朋友。你一定会让别人羡慕甚至嫉妒的！"

店主的一番话滴水不漏，让杰森愉快地马上掏出腰包，以九折的价格，买下了这套名贵大衣。

在这个成功的案例中，店主用倾听，听出了促成杰森购买的关键："我想给我女朋友买一件生日礼物。她看中了你们店里的这件衣服……"接下来，只要店主懂得牢牢抓住这一点，引导杰森他们下定决心购买就可以了。

在这里，店主之所以能成功，在于他把握住了客户的心理，及时抓住了成交的时机，而且在价格上也没有怎么让步。

其实，销售机会就在你和客户沟通的对话里，关键是你是否懂得听，是否懂得把握住，之后能否迅速促成交易。

那么，想要成为一名优秀的销售员，在和客户交流的过程中如何做到有效地倾听呢？

（1）不轻易打断客户讲话，更不能加入话题或纠正他

倾听是给客户讲话时间，使客户产生被尊重的感觉，继而信任并尊重你。认真倾听的态度会给客户留下好印象，所以在谈话未完成之前，不要打断客户的谈话或随意插嘴、接话。除此之外，更不要不顾客户的反应另起话题。

（2）专心、真诚地倾听客户的谈话，并及时回应客户

倾听必须是全神贯注地去听，并辅助以适当的表情、动作或简短的回应语句，这样才可以激起客户继续谈话的兴趣。如果客户在倾诉过程中，得不到销售员的回应，就会认为话题毫无意义；如能得到回应，就表明他的话题能引起共鸣，从而有兴趣与你继续沟通和交流，你因此可以获得更多的客户需求信息。

（3）选择适当时机巧妙地提问，核实你需要的信息

认真倾听客户的谈话也需要你在适当的时机进行提问，提问能引导客户说出自己的想法和相关信息，同时，提问还可以让销售员对客户提供的一些信息进行准确核实。

（4）注意倾听时的礼仪

良好的倾听礼仪既可以显示自身涵养，又能表达出对客户的尊重。例

如：身体略向前倾，表情自然；在倾听过程中，保持和客户视线的接触，不东张西望；表示赞同时，点头、微笑等，这些都需要销售员在实际交流中不断地实践、积累。

倾听，是销售员与客户实现良好沟通的重要手段，请学会倾听吧！

2. 倾听帮你成功拿到订单

聆听是了解客户需求的第一步。听客户说出他的意愿，是决定采取何种推销手段的先决条件，听客户的抱怨更是解决问题、重拾客户对商品信心的关键。

客户不喜欢聒噪的推销员，但是他们会对那些肯听取自己意见并及时做出反应的推销员心存好感。

对于推销员来说，聆听除了能表示对客户的尊重外，还有以下两个优点：

第一，听客户说的时候，推销员才有空思考。如果推销的说辞只是单方面由推销员来"推"，客户就会不断地退后，推销员越是不断地说很好，客户越觉得烦恼，销售成绩自然不佳。推销员强力推荐商品时不断重复的话语，充其量只是在演练先前所学习的内容而已，而且推销员还没有时间思考另外的说法，更无法针对客户的问题给予解答。如果善于聆听，引导客户说出心中的想法，推销员就可以利用在一旁倾听的时间思考其他对策，使成交率提高。

第二，聆听客户，还可以找出客户拒绝的症结所在。面对面推销时最令人泄气的，莫过于客户冷淡的反应与不屑的眼光，这对推销员的信心是一种严重的打击，许多客户在问答之中会应付式地说几句客套话，这是因为他担心说出需求后，会被推销员逮住机会而无法逃脱，所以客户会尽可能地采用能拖就拖、能敷衍就敷衍的策略来拖延。推销员只有想办法让客户说，并且在询问的过程中，引导对方说出心中的想法及核心的问题，才能找到切入点。同时听得多，对客户的各种情况、疑惑、内心想法自然了解得多，再采取相应措施解决问题时，成功率一定会提高。

著名推销员乔·吉拉德说过这样一句话："上帝为何给我们两只耳朵一张嘴？我想，意思就是让我们多听少说！你倾听得越长久，对方就会越接近你。"

人们总是没有耐心听别人说，所有的人都在等着说。再也没有比拥有忠实的听众更令人愉快的事情了。在人际交往中，多听少说，善于倾听别人讲话是一种很高雅的素养。因为认真倾听，体现了听者对说话者的尊重，人们往往会把忠实的听众视为知己。对于推销员而言，积极倾听客户的谈论，有助于了解和发现有价值的信息。

湾流公司的销售员杰克入职后，每天都非常努力地打拼。然而，半年过去了，他却连一个订单都没有拿到过。和他一同进入这家公司的保罗却业绩斐然，平步青云，仅用三个月时间就从一名普通员工晋升为了销售部经理。杰克感到非常疑惑，因为自己每天早出晚归，拼死拼活地工作，业绩却毫无起色，保罗平时很少出门拜访客户，每天只是轻松地打几个电话，订单就会不请自来了！

为了解开自己心中的疑惑，也为了探知保罗成功的秘密，杰克鼓起勇气走进了老板艾伦的办公室，将自己心中的不解告诉了他。老板艾伦让他坐下来然后对他说："我给你讲一个故事吧，那是我的亲身经历。"

这是艾伦年轻时当推销员的一次经历。有一天，艾伦去一家大型化工厂进行推销。到了该工厂之后，艾伦遇到了该厂的负责人，一位刚三十出头的年轻人。一看到这位年轻的厂长，艾伦觉得这个人这么年轻就能管好一个这么大的工厂，肯定有他的特殊才能。于是，艾伦试着与他攀谈。在聊天过程中，艾伦觉得自己的心情非常愉快，认为那个年轻厂长是一个很值得交的朋友。而那位年轻厂长也对艾伦的印象非常好。那一天，向来目标明确的艾伦，在和那位年轻厂长聊天的时候竟然完全忘记了自己的使命，而是和年轻厂长聊得天南海北，全是和自己的目标无关的话题。

那个年轻厂长曾在哈佛大学就读，学的是经济学，非常喜欢聊美国的经济和世界的发展趋势。艾伦虽然不怎么懂经济，但是却对年轻厂长说的东西非常感兴趣的样子。年轻厂长讲得相当投入，虽然他说出的很多东西艾伦都似懂非懂，但是艾伦却像着了魔似的，非常急于听到他对世界的经济现状、化工产业的现状和未来发展等方面的看法。

当两人聊完时，天色已晚。艾伦离开厂区时才发现自己竟然把推销任务忘到了九霄云外了。那一瞬间，艾伦也很懊恼，后悔自己不该只顾着去倾听客户的兴趣，而忘了自己的工作和使命是推销。

没想到，第二天艾伦刚到办公室就接到了一个电话，是那个年轻厂长打来的。他很爽快地对艾伦说："昨天和你聊得非常开心。谢谢你让我有了一次把自己的看法和观点说出来的机会，让我受到了极大的鼓舞。今天下午你把合同带来吧，我们一定能建立长期的合作关系，相信和你合作一定能让我们都很愉快！"

原来，这位年轻厂长在艾伦面前痛痛快快地阐述了自己的观点和看法后，认为自己遇到了一位知己。事实上，艾伦也发现自己跟那位年轻厂长有着相同的志趣，于是从此以后除了工作上的合作，两人还很快就成为无话不谈的朋友。在往后的日子里，年轻厂长又帮艾伦介绍了很多的业务。

艾伦讲到这里，杰克茅塞顿开，恍然大悟，终于明白自己为什么业绩会一直没有起色了。原来，推销员在和客户交流过程中，一定要对客户的话语保持一种无限的好奇心，要时刻保持着一种对客户的话不听不爽的激情，要做到与客户进行心与心的交流。如果我们真的能做到这一点，我们很多时候得到的不仅仅是眼前的交易，还有长远的合作。因为当我们的真诚和人品被客户认可后，当我们被客户所信赖后，我们即使不东奔西跑，订单也会不请自来！

成功的推销是一种倾听世界的艺术。每个人都有听的权利，但必须掌握聆听的技巧。

通常推销员倾听客户讲话时容易犯的毛病是只摆出倾听客户谈话的样子，而内心却等待机会将自己想说的话说完。这种沟通方式效果是相当差的，因为推销员听不出客户的意图和期望，其推销自然也就没有目标。培养倾听的技巧有以下几种方法：

一是培养积极的倾听态度，站在客户的立场考虑问题，了解客户的需求和目标。推销员有时候应该反问自己："既然客户都有耐心倾听我对产品的介绍，我又为什么没有耐心倾听客户对需求的陈述呢？"其实将客户的陈述当作是一次市场调查也是相当不错的主意。

二是保持宽广的胸怀。不要按照自己想要听到的内容作出判断，对客户的陈述不要极力反驳，以免影响彼此的沟通。

三是让客户把话说完。不要打断客户的话，客户的倾诉是有限度的，推销员应该让客户把话说完，让他把自己的需求说清楚，这样推销员才能依照客户的表述决定自己该说什么和怎么说、该做什么和怎么做。

四是不要抵制客户的话。即使客户对推销员持批评的态度，也应该请客户把话说完，以便找到可以解释的机会。抵制客户的话往往会导致客户采取抵制态度。

五是站在客户的立场上想问题。客户的诉说是有理由的，他不会平白无故、不着边际地乱讲，所以推销员要理解客户的诉说。推销员应该从客户的诉说中找出隐情，以便有针对性地推销。

请时刻记住，倾听也是一门艺术，并不是人人都能做到、做好的。从心态上放低自己，从现在开始，多听多看，把每个客户当作世上独一无二的人对待，就发现自己比以往任何时候都善于与人沟通。

3. 让客户多说，自己多听

一个善于倾听的销售员，在别人说话时，眼睛会直视对方，不仅是在真诚地倾听，而且也在全身心地投入，并及时做出反应。

其实，倾听中的沉默也并不是什么新奇的方法。早在两千年前，西塞罗就说过："沉默是一门艺术，雄辩也是。"但是现在"听"的艺术却往往被人们忽略了，真正的好听众是少之又少。

推销并不是每时每刻都要求推销员口若悬河，因为，某时、某个场合或许会言多必失。多去倾听客户的诉求，会让他们产生一种被尊重感，这种效果对于推销的成功至关重要。

小玫是一个刚满18岁的小姑娘，前几天被一家花店的老板雇佣，成为花店里的卖花女孩。老板告诉她，要想给顾客留下好印象，让他们高兴地掏腰包买花，就一定要对顾客热情，要主动地和客户说话。小玫把老板的话都记在了心上。

这天上午，阳光明媚，来了一个小伙子，长相英俊但脸上表情比较凝重。看见有客人来了，小玫便热情地迎了上去，面带微笑地说："您好！欢迎光临！"

小伙子友好地点了点头，算是回应。小玫看到小伙子不说话，而且从脸上的表情感觉他心情不好，于是便对他说："您看上去心情不大好，一定是和女朋友吵架了吧？谈恋爱嘛，小吵小闹难免的。想哄哄她你就送她几朵玫瑰吧！您看，这些红玫瑰都是刚从南方空运过来的，充满了新鲜气息，漂亮迷人。您女朋友收到了玫瑰花，一定不会再和你闹别扭了的。"

严肃的表情依然挂在小伙子的脸上，当他听到小玫这样说后，马上想张口说点什么，然而小玫却又抢过了小伙子说话的机会："先生，红玫瑰代表爱情，送给女朋友当作道歉之用，是再也合适不过的了。这红玫瑰呀，一朵代表忠贞，三朵代表我爱你……"小玫一边说着一边拿起了几朵玫瑰花。然而，小伙子听她滔滔不绝的介绍，再也不发一言。

这时，小玫好像忽然明白了什么，迅速改口说："先生，这段时间我们店搞活动，如果您现在购买的话，可以给您八折优惠。要是您消费满一百元的话，我们店里还可以免费送您一个花篮……"

听到了小玫的用价格优惠来"诱惑"自己，小伙子还是没有说话。

"先生，是不是您觉得送红玫瑰不合适啊？"

"是的！"小伙子终于开口说话了。

"如果你想向对方表达深深的歉意，最好是送康乃馨！你看，我们的康乃馨也是刚刚空运过来的，上面还挂着露珠呢，多美啊！先生，你想要几朵？要不然就九朵吧！好兆头，你女朋友收到了一定会很高兴的。"

小伙子面对小玫的热情介绍，脸上却显得越来越无奈了。小玫觉得越发奇怪，知道肯定是自己介绍错了，于是想马上更正："要不然，您送百合吧，百合也是很合适的啊……"小玫依旧非常主动和热情地介绍着。可是，这个小伙子就是不说自己想要买什么花。小玫这时候也着急了，于是便有些不耐烦地问道："先生，您到底想要什么啊？"

"今天是我妈妈的忌日……"小伙子说完转身离开了花店，一片花瓣都没买。

就这样，小玫因为主动热情，把客户给说跑了！小玫没有让客户买下花，并且让客户心情不爽地走了，可以说这次销售是失败的。这次失败，主要是败在没有了解客户的需要之前，就妄下了论断，进而向客户盲目地销售自己的商品，结果使客户不厌其烦，最后生气离开。

其实，客户走进了你的店，接受了你的服务，就证明他现在有求于你，只是如果我们没有及时地把握好客户的心理需求，就无法满足客户，其结果只能是竹篮打水一场空，眼看要到手的生意就这样白白流失掉了。

作为销售人员，我们在和客户沟通时，既要给客户留下一个好印象，让他们知道我们的商品能够对他们有用处，又要在尽可能短的时间内搞清楚客户内心深处的真正所需，然后抓住客户的真正需求，进行产品的推销，最终达成成交的目标。

　　当然，要探知客户内心真正的需求，是不容易的，因为每个人的内心世界都是很隐秘的，如果仅仅依靠我们的一张嘴去寻求，还是很难获悉客户的真实想法，若懂得给客户足够的时间，让其说出自己的需求，我们就好办多了。事实上，经验丰富业绩突出的销售人员都知道，用心倾听，是打开客户真正需求的最快捷的方法。

　　在日常会话当中，要做到会听是相当困难的，有的人甚至连交谈的最基本原则都做不到，对方一开口，立刻打断对方，自己却长篇大论地讲个不停，等到对方感到不快而索性不说了，他反而认为对方被自己说服了，而洋洋得意，这样的人还真不在少数。通常自己的毛病是不太容易被发现的。日常会话是提高讲话艺术水准的舞台，销售人员应留心他人对话中的一些坏毛病，使之成为警示自己的好材料。

　　在和客户的谈话过程中，会听是很重要的一环，这是博得对方好感的一个秘诀。遗憾的是，不少销售人员急于推销商品，把对方所讲的话都当成耳旁风，而且总是迫不及待地在商谈中提出问题或打断对方的话，或称述自己的观点，这些都是不恰当的。其实，当顾客愿意长篇大论表达自己的内心想法时就是了解对方的有利时机，你应该为此感到高兴，所以当对方滔滔不绝地说时，你应该立刻提起精神来倾听，并不时兴趣盎然地追问："后来呢？"以催促对方继续往下说，要用心去倾听对方的谈话。

　　对于喜欢说话的顾客，销售人员只要洗耳恭听。在这种情况下，当顾客关住话匣子时，很可能说："就这么决定了，我们订合约吧！"即使签不了合约，顾客也会很高兴地等待着你的下一次来访。

　　就一般的交谈内容而言，并非总是包含许多有用的信息。有时一些看似普通的话题，可能没有什么实际意义，但是客户的谈兴却很浓，这时，出于对客户的尊重，你就应该保持足够的耐心，听客户说下去，切记不要表现出厌烦的神色。

统计结果显示，一个人的说话速度大致在每分钟120至180字之间，而人的大脑思维的反应速度却要快得多。所以在现实中你往往会遇到这种情况，很可能客户还没有将话说完，或者客户只是说出了其中的几句话，而你就已知道了他的全部意思。那么这时，由于已经了解了对方的意图，所以思想也就会自然而然的随之而放松了，这种细微的心理变化反映在你的表情或动作上往往会是心不在焉的神情，而当客户突然问你一些问题和请教你的见解时，如果你只是毫无表情的缄默，或者答非所问，客户就会感到十分难堪和不快，觉得自己是在"对牛弹琴"，就会对你们接下来的沟通产生阻碍。

在与客户接触时，越是善于倾听客户的意见，推销成功的可能性也就越大，因为聆听是肯定客户的一种谈话方式。对销售人员来说，听客户谈话应做到像自己谈话那样，始终保持饱满的热情与良好的精神状态，并时刻专心致志。如果你确实觉得客户讲得淡而无味、浪费时间的话，则可以巧妙地提一些你感兴趣的问题，以此转换对方的兴趣点。但是要注意不要随意打断客户的话，应当让他心平气和地讲完，即使他的意见不是新的或不符合实际。

一个合格的推销员懂得去让客户充分地表达他们的异议，即使知道客户下一句要说什么，也不要试图去打断对方，要做到礼貌、认真地聆听，及时地给予回应。

4. 给客户说话的机会

推销有的时候真的很简单，在和客户的沟通过程中，如果你对客户的话感兴趣，并有急切听下去的愿望，那么客户往往也会更愿意与你打交道。

在推销员中，有这样的一类人，无论是在同事朋友面前，还是在客户面前，他们总喜欢高谈阔论，无论别人讨论什么话题，他们都有自己的观点，他们能言善辩、口若悬河，走到哪里他们总能成为引人注目的主角。刚刚接触的时候，客户会感觉这种推销员知识渊博、无所不知，让人不由得心生佩服。但是，社会经验丰富的人，就会对这种人不以为然。其实话多的人，未必有真才实学。

那些真正聪明的推销员是不会轻易说话的，他们知道言多必失，所以不到万不得已，他们绝不轻易开口多说话；但是到了不得不说的时候，他们一定会把话说到点子上，而且句句都让客户为之折服。

事实上，推销高手都知道，在销售中有一种最简单的销售方法，它就是倾听。"雄辩是银，倾听是金"这句话更是销售中的金言。

很多时候，即使客户在下订单之前出现了短暂的沉默和犹豫，你也尽量别用自己的话来打破沉默，而应该给客户足够的思考时间。假如在客户还没有作出决定之前，你总是口若悬河地说服客户或者自作主张地帮客户下订单，你就很可能会打断客户的思路，让客户感觉到你目的性太强，没有站在他的角度去考虑问题。于是，客户很可能会放弃购买的决定，然后无情地离开，令你后悔不已。

在推销过程中，要用心去倾听客户的话语，让客户从心底里对你有一种心理认同感。如果你让客户高兴，客户就会让你更高兴；如果你让客户的嘴巴舒服，客户就会让你的钱包饱满。乐于侧耳倾听客户的诉说，很快你就会发现，订单也许会主动地来找你。

如果你是一名推销员，就请以最快的速度改掉这样的毛病：当需要别人赞同你的意见时，滔滔不绝地大说特说，从来不考虑对方的想法和感受，更不给别人说话的机会。其实，只有你给客户说话的机会，客户才会给你拿到其订单的机会。

有一位汽车推销员，口才极佳，他向某商人推销汽车，他把自己公司的车吹嘘得天花乱坠。从发动机的性能到家庭的实用性，从它的解装到所有一系列设备，用专业术语把商人说得云里雾里的，可商人听完只是冷冷地说：“对不起，我不需要。”好在这位推销员没有放弃，费了九牛二虎之力才终于让商人买了一辆车。

没过多久，又一位推销员到商人处去推销汽车。一见面，照例先递上名片：“我是某某汽车推销员，我……”刚说几个字，就被这位商人以十分严厉的口吻打断，并开始抱怨先前买车过程中的种种不悦，包括报价不实、内装及配备不对、交车等待过久、服务态度不佳等，结果这位新入行的推销员被他吓得一句话也不敢说，只是谦恭地听他抱怨。

　　这位商人把之前所有的怨气一股脑儿吐完，稍微喘息了一下，才发觉这个推销员好像不是以前的那位，于是便有点不好意思地对他说："年轻人，你贵姓啊，现在有没有好一点的汽车品牌，拿份目录来看看吧！"30分钟后，这个推销员欢天喜地地握着两台车子的订单离开了。

　　第一位推销员口才不可谓不好，却费了九牛二虎之力才拿下一台车子的订单，而第二位推销员基本没说什么话，却轻松地签下两台车子的订单，其中原因，商人的抱怨基本上已说明了问题，第一位推销员口才极佳，在商人看来却像一只聒噪的乌鸦，不但丝毫没有说明问题，而且让客户感到被说教，进而产生反感，影响推销效果。后一位推销员没有为自己辩解，更没有与客户争吵，而是用自己的谦恭与沉默换得客户的认同，面对这么老实而有诚意的推销员，感觉受到尊重的客户当然对他大开绿灯。

　　一名推销员不给客户说话的机会，是其不够重视客户，没有给客户最起码的尊重，客户也会因此对其产生厌倦和排斥感。在推销中，推销员可以伶牙俐齿，可以口若悬河，但是一定要给客户说话的机会。不给客户留出说话的机会，永远不知道客户真正想要的是什么。

5. 倾听，一定要有耐心

在推销过程中，很多推销员没有拿到订单，并不是因为他们在客户面前说错了什么话，有时候他们甚至可能说得非常出色，口若悬河，然而该单生意最终却没有做成，"病"因究竟出在哪里呢？

经过观察我们发现，表达能力很出色却依然丢掉订单，最大的原因是推销员缺乏足够的耐心，没有足够的时间去真正倾听客户所说的话，更没有通过倾听客户的话去了解客户的心声。

通常，推销员每天都要面对很多客户。有不少推销员往往会一见到客户就不遗余力地向他们介绍自己产品的优点，希望用最短的时间去说服客户。然而，如果不能耐心地倾听客户的真正的需求，推销员跟客户说再多的话，也只能是隔靴搔痒、劳而无功。

在我们日常生活中，大多数人都是奉行少说话多做事的原则，认为只有不停地去做才有成功的可能。是的，做固然重要，但要明白"做"还应当与倾听结合起来，先倾听，然后再去做。如果想让客户购买商品，推销员就必须掌握客户的真正需求。为此，推销员应该通过耐心地倾听，了解到更多有关客户购买需求方面的信息，从而让自己做到有的放矢，推销起来就能收到事半功倍的效果。

乔基姆是位成功的汽车推销员，在谈起自己的推销经历时，他对有一次因为自己没有用心倾听客户从而丢掉了订单的经历记忆尤深。

当时是星期二上午，店里门可罗雀、冷冷清清，许久都没有进来过一个客户了。就在店里的推销员们都百无聊赖之际，从门外走进来了一个穿着讲究的中年男人。他走进来后，大声地对大家说，他是来这里看车的。看到有客户上门来了，乔基姆马上热情主动地向这位客户推荐了一款最新上市的车。客户在详细询问和亲身触摸检查了新车之后，对这辆车相当满意。看完之后，客户爽快地答应乔基姆，说马上会交付2万美元的定金，并决定下午来提车。

没想到，10分钟之后，客户没有交定金，原来他突然变卦了。他告诉乔基姆，自己决定不买这辆车了！

乔基姆对此思前想后，却百思不得其解。他无论如何也想不出来自己到底错在哪儿了，直到当天晚上11点，他还在想着这件事情，被它困扰不已。最后，乔基姆实在是忍不住了，便冒昧地拨通了那个客户的电话："先生，您好！我是××汽车公司的推销员乔基姆，今天上午我为您服务过，曾经向您介绍过一款新车，当时您已经看中了它并准备交付定金了，后来却为什么突然不要了呢？"

"喂，你有没有搞错啊，知道现在几点了吗？这么晚还打电话来！"

"很抱歉，我知道现在已经是晚上11点钟了，但是我检讨了一整天，实在想不出自己错在哪里了，因此特地给您打电话讨教一下。"

"原来如此！其实我放弃购买的真正原因是，当时你根本就没有用心地听我讲话。就在我准备去交定金之前，我提到了车的磨合期、车的耗油量、车的保修期，以及车辆在山路行驶性能等等问题，然而你听了之后却毫无反应！所以，我凭这些感觉到你极其不尊重我，从而使我的自尊心受到了严重的伤害！"

乔基姆还是没太想起客户说的这些事，不过已经有些许印象了。只是因为他当时根本就没有注意去听客户说的这些，所以他才记得不太清楚了。然而，正是因为不注意倾听客户，令乔基姆失去了他当时认为已经是"煮熟了的鸭子"的订单。回想起来，当时他确实没有用心倾听客户在说些什么，而是把真正的心思都放在了如何收取订金和办理手续上面。

乔基姆的失败在于没抓住客户的心理，他当时还不太明白，那人既然来买车，就肯定需要得到推销员的详尽推介，对车有一个全面的了解，他做到这一步，已经足够了。可惜由于乔基姆急于成交，没有注意倾听客户后来的那些问题，从而失去了客户对自己的信任和好感，最终失去了一次成交的机会。

作为推销员，我们在客户面前努力地推销自己的产品，这是对的，只是我们若想事半功倍，就必须要有耐心，懂得首先倾听客户的需求，然后再"对症下药"。

能否成为优秀销售员，最关键的还是看你在实践中的表现。所以一定要注意以下几个方面的问题：

（1）全神贯注地去倾听

这里所指的倾听，不仅仅是用耳朵来听，也包括要用眼睛去观察对方的表情与动作，用心去为对方的话语做设身处地的考虑，用脑去研究对方话语背后的动机。销售谈判就是在做到"耳到、眼到、心到、脑到"的前提下，综合去"倾听"。

倾听客户的讲话要集中注意力，细心聆听对方所讲的内容，注意对方的措辞及表达方式，注意对方的语气、语调、面部表情、眼神动作等，所有这些都能为你提供线索，去发现对方一言一行背后所隐含的内容。

例如：在销售沟通中，我们常常听到这样的说法："顺便提一下……"说话的人试图给人一种印象，即他要说的事情是突然想起来的。但是，你要明白的是，他要说的事情恰恰是非常重要的，所以，当你发现一个人常用诸如"老实说""说真的""坦率地说""真诚地说"等类似的一些词句的时候，往往就是此人既不坦率也不诚实的时候，这种词句，只不过是一种掩饰罢了。

（2）抛弃先入为主的观念

只有抛弃那些先入为主的观念，才能去耐心地倾听客户的讲话，才能正确理解对方话语中传递的信息，准确地把握对方话语的核心所在，从而客观、公正地听取、接受对方的疑惑与不满。

（3）控制好自己的言行

在倾听对方时，最难也是最关键的技巧之一，就是要约束、控制好自己的言行。通常人们都会喜欢听赞扬的话，不喜欢听批评的话。当听到反对意见时，总会忍不住想要马上反驳，似乎只有这样，才能说明自己有理。还有的人过于喜欢表现自己，这都会导致在与对方交流时，过多地表达自己意见，或打断别人的讲话。这不仅会影响自己的倾听，也会影响对方的谈兴和对你的印象。所以，在与客户的沟通中，一定不要轻易地打断对方的讲话，也不要自作聪明地妄加评论。

（4）尽量创造倾听的机会

要想营造一种较为理想的谈话氛围，并鼓励客户继续谈下去，作为倾听方，就需要采取一些策略方法。

第一，要善于鼓励。倾听对方的阐述需要做好相应的准备，否则，倾听时心不在焉，会让对方觉得你根本就没听，从而让对方感到不愉快，也会觉得你欠缺合作的诚意。因此，在倾听时一定要给对方营造一种心情愉快、愿意继续讲下去的氛围。其基本技巧之一，就是用微笑、点头、目光等赞赏方式以示对客户的回应和对客户谈话的兴趣，从而促使对方继续讲下去。

第二，要善于表示对客户的理解。试想一下，如果在销售谈判中，你侃侃而谈了半天，对方却一点儿表示都没有，那么你还有兴致谈下去吗？所以不妨设身处地地为对方考虑一下，在销售谈判中，当你作为倾听者时，一定要注意以"是""对"等答话来表示自己的肯定。在对方停顿下来的时候，也可以用简单的话语来回应对方的某些观点与自己一致，或运用自己的经历、经验来表示理解，有时还可以适当复述对方所说过的话，这些表示理解的方式都是对讲话者的一种积极回应。

第三，要善于鼓励客户讲下去。有时候适当地运用反驳和沉默，也可以鼓励客户继续谈下去。当然，这里所说的反驳并不是指轻易地打断对方的讲话或插话，而是当对方征求你的意见或稍做停顿时，对其进行适度的反驳。另外，根据具体情况，你也可以保持适当的沉默，因为沉默有时不等同于承认或忽视，它可以表示你在思考，也可能是在暗示对方，转变话题。

（5）有鉴别地去倾听

有鉴别地去倾听必须要建立在专心倾听的基础上，因为不用心听，就无法鉴别出客户所传递出来的信息。例如"太贵了"，这几乎是每一位客户的口头禅，言外之意就是"我不想出这个价"，而不是"我没有那么多钱"。如果不能辨别其背后的真正含义，就往往会错把客户的借口当作反对意见而加以反驳，而激怒客户，同时也让客户找到了为自己进行辩护的借口，也就会在无形中增加了销售的阻力。

所以，只有对客户的讲话内容进行恰当的鉴别，才能摸清客户的真实意图，而只有在掌握了客户真正意图的基础上，才能有效地调整谈话策略，从而对客户进行更有针对性的说服工作。

（6）不要因急于反驳客户而结束倾听

即使是在已经明了客户真实意图的情况下，也要坚持听完对方的阐述，而不要因为急于纠正客户的观点打断对方的讲话。即便是根本不同意客户的观点，也要耐心地听对方讲完。因为，听得越多，就越容易发现客户的真正动机，从而有针对性的调整自己下一步的销售策略。

（7）倾听要配合积极的回应

要使自己的倾听获得更好的效果，就不仅要去认真地听，还应该有一些反馈性的表示，比如点头、欠身、双眼注视客户，或重复对方所说的一些重要句子，或提出几个对方关心的问题等，这样一来，客户就会因为销售员如此专心地倾听而愿意更多、更深地讲出自己的一些观点。

6. 倾听客户并积极地回应

著名的心理学大师卡耐基说过："即使你喜欢果酱，在钓鱼的时候，也不能用果酱做鱼饵；在这个时候，即使你讨厌蚯蚓，也得用它，因为鱼喜欢吃蚯蚓才会上钩。"这话虽然有些实用主义的味道，然而用它来说明讲话者与倾听者的关系，不失为一个生动的比喻。作为销售员尤其应该注意这一点。

当客户向你发表一些自己的观点时，如果你只是表现出毫无表情的缄默或者心不在焉，那就会令顾客感到非常尴尬。相反，如果你能够表现出时刻都在耐心倾听对方的讲话，就能够在无形中满足对方的自尊心，并有助于加深彼此间的感情，为销售的成功创造和谐融洽的环境和气氛。

作为推销员的约克面临着一个很大的障碍：他的听力很糟糕，他只能从别人的口形来判断对方说话的内容。但让人意想不到的是，正是这种听力上的缺陷反而给约克的推销工作带来了莫大的帮助。

格雷迪是罗伯特斯公司的创始人和总裁，该公司的业务是为圣戈地区的老板们提供潜在客户的信用情况。现在该公司要购买一套计算机系统，这套设备至少需要二三十万美元。由于涉及金额较大，所以他对此也比较慎重，考察了很多家计算机设备商的产品与报价。

约克是其中一家计算机公司的推销员，为了赢得这份大合同，他先后在长达10个月的时间里跟格雷迪会谈了几十次，还进行了许多次的电话沟通与产品展示，以及频繁的谈判与宴请。可以说，这是一次马拉松式的推销。正是在这场推销中，约克逐渐意识到了自己的一个出人意料的优势，而这个优势正是来自他那极其糟糕的听力。

原来，每当他和格雷迪进行会谈时，由于听力较差，所以为了听清对方的谈话，他就必须全神贯注地去倾听、去观察，以判断格雷迪在说什么。在和格雷迪洽谈时，他一般都坐到椅子的外缘上，身体也尽量地向前倾，这样才能够更好地注意格雷迪的口形。约克的这种不经意的动作与表情，在无形之中就给了格雷迪这样一种感觉：对方在非常耐心、认真地倾听自己的讲话，对自己的讲话很感兴趣，也很尊重。

由于需要调动全部的注意力来观察格雷迪的口形，所以约克一点也不敢分心，就是电话铃响或者客户的秘书进来——他的眼睛都始终没离开过格雷迪的脸。即使是在做笔记时，约克的眼睛也在看着对方。

在整个推销过程中，只要和格雷迪谈话，约克从不分神，这样一来，约克的态度就让格雷迪先生觉得他是世界上最重要的人，从而强烈地满足了他的自尊心。可想而知，最终约克也和他成功地达成了交易。

在签完合同后，约克就下决心要改善一下自己的听力。于是他出去买了一套助听器。当他戴上助听器，再一次去拜访格雷迪的时候，情况却发生了变化。

当他和格雷迪在办公室交谈时，由于戴上了助听器，所以不需要再坐到椅子边上，身体也不必向前倾了，他就靠在椅子背上，拿出笔记本问道："机器工作得怎么样？"格雷迪开始讲计算机的工作情况，突然秘书进来了。不自觉地，约克一边听格雷迪讲，一边不时地四处看看，因为他再也不用专注地盯着格雷迪的脸就能听见他在说什么。"这可真棒！"他心想，他能一边听，一边随意地到处看看。

十几分钟之后，格雷迪突然中途停下话题，约克当时正在一边听他说话，一边望着窗外的风景。

"约克！"格雷迪提高嗓门叫着。

"什么事？"约克一边回答，一边收回视线看着他。

"我要你把那玩意儿取下来。"

"把什么取下来，格雷迪？"约克不解地问。

"你的助听器。"

约克一脸疑惑："为什么？"

"因为我觉得现在你对我一点都不尊重。我更喜欢以前那样——你坐在椅子边上，身体前倾，时刻注意着我的一举一动，那会让我感到备受重视。而现在，听我说话时你东张西望，好像眼里根本没有我。我知道你不是那样的人，但我还是请你取下助听器。"

约克也突然明白了问题的所在，就取下助听器并放回盒子里，坐在椅子边上倾听他谈话，像以前一样，全神贯注看着他。就连做笔记时，也不把视线移开一点。格雷迪的脸上又重新露出了满意的笑容！

在推销过程中，谈话是在传递信息，听别人讲话是在接收信息，作为推销的一方，即使在听的时候，也是主动的。听人讲话，并非只是简单地用耳朵就行了，还需要积极地做出各种反应。这不仅是出于礼貌，而且是在调节谈话内容和洽谈气氛。

7. 认真倾听客户的抱怨

当客户说出他们心中的抱怨时，认真地倾听，并对他们的感受表示同情，也能赢得他们的心。

在销售中，销售员常常会遇到一些非常挑剔的客户，这时销售员该如何应对他们呢？

要知道，即使是喜欢挑剔的客户，甚至是脾气火爆的客户，也常常会在一个具有忍耐心和同情心的倾听者面前，让态度变得缓和起来。当客户正火冒三丈地倾吐自己的抱怨与不满的时候，销售员应当保持足够的耐心去听，而且只是认真地倾听客户的讲话，不要做任何的反驳，否则只会让客户更加坚持自己的观点，使事情更加难以处理。下面是一个真实的例子：

这是德第蒙德尼龙公司创始人德第蒙德先生亲身经历的一件事，他的公司后来成为世界服装行业最大的毛料供应公司。

有一个早上，一位怒气冲冲的客户闯进了德第蒙德先生的办公室，因为德第蒙德公司信用部接连给他发了好几封催款函，要求他归还拖欠的15美元。尽管他不承认有这笔欠款，但德第蒙德公司坚持要他还款。

在收到最后一封催款函之后，这位客户来到了芝加哥，怒气冲冲地闯进德第蒙德先生的办公室。下面就是他们的对话：

德第蒙德："你好，你怎么来了？"

客户："太过分了！我不但不会支付那笔钱，而且今后再也不会订购你们公司的任何货物。"

德第蒙德先生见对方的火气很大，于是就没有说话，而是面带微笑静静地听着对方要说什么。

"我和你们做了这么多年的生意，竟然还会欠你们15美元？我可不是一个喜欢赖账不还的人。"

在客户发牢骚的过程中，德第蒙德先生虽然有好几次都想打断对方来为自己解释，但是他知道那样做并不能解决问题，所以他就干脆让对方尽情地发泄。

当客户最后怒气消尽，能够静下心来听取别人的意见时，德第蒙德先生才开始平静地对他说："你到芝加哥来告诉我这件事，我应该向你表示感谢。你帮了我一个大忙，因为我们信用部如果让你感到了不愉快的话，那么他们同样也可能会使别的顾客不高兴，那对我们来说可真是太不幸了，一定是我们的工作方式出了问题。所以，你一定要相信我，我比你更想听到这件事。"

对方可能怎么也没有料到德第蒙德先生会这样说，他可能还有一点失望，因为他到芝加哥来，本来是想和德第蒙德先生大吵一番的，可是德第蒙德先生不仅没有和他争吵，反而还向他表示了感谢，这当然大大出乎他的意料。

德第蒙德先生明白地告诉客户说："我们要勾销那笔15美元的账，并忘掉这件事。因为你是一个很细心的人，而且只是涉及这一份账目；而我们的员工却要负责几千份账目，所以和我们的员工相比，你更不会出错。"

听他这么一说，客户就更不知如何回答德第蒙德先生了。

德第蒙德先生又告诉客户："我十分清楚你的感受，如果我处在你的位置，我也会和你一样的。既然你以后不想再买我们的产品了，我就再给你推荐其他几家公司如何？"

客户更不好意思了，就没说什么话。

以前每当这位客户来芝加哥时，德第蒙德先生总是要请他吃饭，所以那天他照例请这位客户吃午餐，客户也勉强答应了。但是当德第蒙德回到办公室的时候，为了回报德第蒙德先生的宽厚对待，这位客户却订购了比以往多出数倍的货物，然后心平气和地回去了。

回去以后，这位客户又特意检查了一遍他的账单，结果他却找到了那张15美元的账单，原来是自己弄错了，而且还因此跑到对方那里大吵大闹。想到这里他的心里感到羞愧不已，此时更感受到了德第蒙德先生的善解人意与宽厚的胸怀。于是，他立即给德第蒙德公司寄来了一张15美元的支票，并向德第蒙德先生表达了他的歉意。

从此以后，这位客户就成了德第蒙德先生的朋友和忠诚的客户，直到22年以后去世为止。这位客户有一个男孩，他还为儿子取名叫德第蒙德。

德第蒙德先生给所有的销售员上了一堂非常生动的课：即使你能肯定客户百分之百是错的，但是一旦客户坚持他们没有错时，那么你就不妨耐心地去倾听，给他们发泄和抱怨的机会，等他们平静下来后，再推心置腹地给予同情和合理的答复，就像德第蒙德先生那样去做，这不但可以消除客户的抱怨，还能赢得客户的心，使他们最终成为你的忠诚客户。面对心有怒气和怨言的客户时，你具体该怎么办呢？不妨参考一下以下三个步骤。

（1）用心地聆听客户的话

如果你卖给客户的产品或服务，让客户很不满意，客户难免会对你产生怨言和怒火，误解你。这时，你千万不要对客户做任何辩解，而应静静地聆听，等客户把抱怨和不满都发泄出来，情绪稳定下来时，你再通过询问对方，探知产生该问题的根源。当然，你可以一言不发，但是要用一些肢体语言来证明你在听对方说话，并表现出对对方的理解和关心。比如，用眼睛平视客户，不做其他交头接耳的小动作，并时不时地对客户的话点头表示肯定，让对方知道你不是在敷衍，而是在认真地听。

（2）明确客户表达的意思

对于客户反映的问题，如果你有不明白的地方，千万不要不懂装懂，而要确定一下客户想要表达的真正意思。比如你可以说："我还是有点不太明白您的意思，能不能麻烦您再解释一下？"在提问时，尽可能使自己的口气委婉，以免让客户有"被质问""被否定"和"被瞧不起"的感觉，别强行打断客户的话，或者用"但是，请你让我说几句"之类的词来和客户对话。还有，尽可能要面带微笑。

（3）站在客户的立场来考虑和解决问题

在很多时候，客户的抱怨总是小题大做，常常会因为一个不起眼的小问题而抱怨不休。此时，你千万不要因为事情不重要而不重视甚至置之不理，应该全力以赴地解决问题，让客户看到你对他的重视。

如果你能做到这三点，就必定能了解到客户抱怨的真相，成功地掌握客户的情绪，消除客户对你及产品的误解，顺利达成交易。

8. 不要忙于说话，要学会听话

的确，只要一有讲话的机会，一般人都不太爱听别人讲话，而是喜欢别人听自己说话。还有一种现象是，大多数人喜欢谈和自己有关的事，而不是和客户有关的事情。然而，如果你想成为一名受欢迎的销售员，建议你在和别人，尤其是和客户谈话时，把机会留给客户，你只要做个好的听众就够了。

张楚明是个能说会道的人，他对自己一向很有自信，但是自从从事销售工作以后，反而变得不自信起来，因为无论他说得多么动听和感人，客户不但不为之所动，还断然拒绝了他的推销。为什么客户不购买他的商品呢？他自己百思不得其解，他觉得自己的商品质量很好，价格也很合理，自己又尽量把这些信息都传达给客户，没有什么不合理的地方，客户却选择拒绝，真是莫名其妙。

相比之下，其他同事的业绩却比自己好很多，于是张楚明便虚心地向同事请教，询问如何才能让客户接受自己的产品。同事问张楚明是如何进行推销的，张楚明把自己的销售方式叙述了一遍，同事说："这样的推销方式就是你失败的原因！"张楚明很纳闷："为什么啊？"

同事说："客户最重视的是自己，他们希望买到的是自己最喜欢的、最需要的商品，这样客户才会产生购买的欲望。所以你的商品描述要围绕客户，要让商品成为他们自己想要购买的，而不是你想卖给他们的。而你在推销商品的时候，只是一味地介绍产品的质量有多好，有多畅销，你注重的只是自己的商品，没有考虑到客户的感受，所以客户才会拒绝你的推销。"

张楚明点点头，知道了自己应该怎么做。在之后的销售中，张楚明再也不以自己为中心，而是尽量倾听客户的要求和需要，以及客户最需要的款式和档次，并仔细地为客户分析该产品能够带来的利益，

以及什么样的选择最合算。结果很快就赢得了很多客户的青睐，销售
业绩也有了突飞猛进的提高。

　　大多数人在与别人沟通时，通常都是自己在说话，说的也是自己想说
的话。而大多数销售员在销售产品时，70%的时间是自己在说话，客户只
有30%的说话时间，这样的销售员总是业绩平平。而那些顶尖的销售员通
过经验总结出了一条规律：如果想成为优秀的销售员，就要将听和说的比
例调整为2：1；也就是大多数时间让客户说，销售员只倾听，一小部分时
间用来发问、赞美和鼓励客户说，这样，才能倾听到客户内心的声音，成
为优秀的销售员。其实，几乎所有的优秀销售员都在证明倾听是有效的推
销手段。

　　倾听可以让你的销售工作变得轻松，倾听也会让你的客户更信任你。
倾听是一种销售手段，更是一种个人的涵养。世界上的难事之一便是闭上
嘴巴，假如你不张开耳朵，不适时地闭上嘴巴，你就会失去无数机会。尤
其在销售时要切记：千万不要忙于说话，要学会听话。

　　迪奥是美国自然食品公司的销售冠军。这天，他像往常一样将
芦荟精的功能、效用告诉客户，但女客户并没有表示出多大的兴趣。
迪奥立刻闭上嘴巴，开动脑筋，并细心观察。突然，他看到客户家的
阳台上摆着一盆美丽的盆栽，便说："好漂亮的盆栽啊！平常真的很
难见到。""没错，这是一种很罕见的品种，叫嘉德里亚，属于兰花
的一种。""它真的很美，美在那种优雅的风情。"女客户听到他对

自己盆栽的赞美，来了兴致。"这个宝贝很昂贵的，一盆就要花八百美金。""什么？八百美金？我的天哪！每天是不是都要给它浇水呢？""是的。每天都要很细心地养育它……"于是，女客户开始向迪奥倾囊相授所有与兰花有关的学问，而迪奥也聚精会神地听着。

最后，这位女客户一边打开钱包，一边说："就算我的先生也不会听我唠唠叨叨说这么多，而你却愿意听我说了这么久，甚至还能够理解我的这番话，真的太谢谢你了。希望改天你再来听我谈兰花，好吗？"随后，她爽快地从迪奥手中接过了芦荟精。

作为一名优秀的销售员，你必须了解客户的想法和感觉，知道客户想要什么。如果你销售的是房地产，当一位客户提到他的孩子在私立学校就读时，你就应该明白他不太注重周边学校的质量问题；当客户说他们不属于那种喜欢户外活动的人时，你就要让他们看一些占地较小的房屋。客户的购买需要在和你交谈过程中，一定会直接或间接地表现出来。有时候，一个人往往同时受到几种消费心理需要的支配。因此，如果在给客户下订单时，客户出现了一会儿沉默，你千万不要以为自己有义务去说些什么。相反，你要给客户足够的时间去思考和做决定。千万不要自作主张，打断他们的思路，否则，你会后悔得吐血。

保险销售大师原一平曾有这样的销售经历：一位出租车司机拜访了他，那位司机坚决地认为原一平绝对没有机会向他销售人寿保险。当时，这位司机之所以拜访原一平，是因为原一平家里有一台放映机，它可以放彩色有声影片，而这位司机从来没有见过能放映彩色有声影片的放映机。

原一平放了一部介绍人寿保险的影片，并在结尾处提了一个结束性的问题："它将为你及你的家人带来些什么呢？"放完影片后，大家都静悄悄地坐着。三分钟后，那位司机主动问原一平："现在还能参加这种保险吗？"最后，他签了一份高额的人寿保险契约。

在销售过程中，有的销售员以为沉默意味着缺陷，然而，恰当而长时间的沉默不但是允许的，也是非常受客户欢迎的，因为这能给他们一种放松的感觉，不至于因为有人催促而作出草率的决定。当客户说"我考虑一下"时，我们不要急于说服他们，而是要给予他们充足的时间去思考，因为这总好过于"先这样吧，我考虑好了再打电话给你。"别忘了，客户保持沉默时，就是他在为你考虑了，相比较而言，客户承受沉默的压力要比我们承受的还要大得多，因此，让客户多沉默一会儿，是最明智的做法。

9. 让客户充分表达

成功与客户面谈的意义是什么？查尔斯·伊利亚特的说法是："成功的销售面谈，并没有什么神秘——专心注视着对你说话的人，再也没有比这么做更具有恭维效果的了。"不知道你注意过没有，很多爱发牢骚的人，也是最不容易讨好的人，但在一个有耐心、有同情心的倾听者面前，却常常会变得容易相处。一个懂得倾听的销售员，在被别人鸡蛋里挑骨头骂得狗血喷头时，都会保持沉默。

多年前，纽约电话公司碰上了一个对接线员口吐狂言的凶恶的客户。他怒火中烧，威胁说要将电话线连根拔起，并拒绝缴纳任何电话费用。没办法，电话公司派出了最干练的调解员去会见那位惹是生非的客户。见到客户后，调解员并没有和他理论，而是静静地听着他说，让那个暴怒的用户将心中的不满全部一吐为快，并且在听他说时不断地点头说是的、对，表示认同。

这位用户从来没见过一个调解员能与他这样谈话，于是也变得友善起来。三次会面，调解员都没有给自己找借口。到了第四次会面，这件事情便顺利地解决了，这位难缠的客户将所有的账单都付了。

让客户充分表达既是销售员获得关于客户的第一手信息，正确认识客户的途径，也是销售员尊重客户的最好方式。要倾听客户说话，就要主动参与到他的诉说中，理解客户的话，与其产生共鸣。那么，怎样的倾听才能理解客户话中的含义，读懂客户的内心世界呢？

销售员对客户提供的信息保持充分的兴趣和敏感性，但要将自己的感受同客户的感受分开，不要急于给客户的话下判断或结论，要保持一种洞察力，理解客户要表露的真实自我。

如果销售员在让客户充分倾诉时，能做到这一点，就已经向客户表明了自己是一个真诚专注的倾听者。当然，在整个倾听过程中，还需要掌握一些行为技巧，这些技巧包括各种语言和非语言的神态。

专注的神态表示你接受了客户，即使客户的话语听起来有些老生常谈。就算你做不到听得津津有味，也要尽量保持专注。如果与客户保持的距离过大，或者昂头俯视，就会让客户有被疏远或被压迫之感，客户也难以敞开心扉与你诉说。靠近客户、身体前倾，是鼓励人的好方式，表明你正在对他的话洗耳恭听。

作为有名的对话大师，古希腊哲学家苏格拉底认为自己是一个助产士，是帮助别人形成自己正确看法的人。销售员通过倾听可以帮助客户形成并完善他的想法，因此，在听别人说话时，不要试图去打断客户的表达或人为地转移话题。即使你想表达你的某些看法，也应借用客户的话做一些引申，如"就像你刚才所谈到的……""正如你所说的那样……"。这样，一方面表明你重视并记住了他的话；另一方面，也让客户感到你在就他的话题做一些补充，说明你不仅在听他说话，还在思考他的问题。

适时而恰当地提问，向客户说明自己哪些方面没有听清或听懂，要求客户重复或解释一下，也表明你在认真地倾听他的诉说。在和客户的谈话过程中，会听是很重要的一环，这是博得客户好感的一个秘诀。遗憾的是，不少销售员急于销售商品，把客户说的话都当成耳边风，而且总是迫不及待地在对方讲话中途提问题，或陈述自己的观点。这些都是不适当的。欲速则不达，如果想使交易成功，客户滔滔不绝地说话时是成功到来的有利时机，你应该为此高兴，立刻提起精神来听，并不时兴趣盎然地说："后来呢？"以催促客户继续往下说，要用好像听得出了神的样子去倾听客户的谈话。

　　销售员："先生，通过观察贵厂的情况，我发现你们自己维修所花的费用比请我们干还要多，是这样吗？"

　　客户："我也认为我们自己干不太划算，我承认你们的服务不错，但你们毕竟缺乏电子方面的……"

　　销售员："对不起，请允许我插一句……有一点我想说明一下，任何人都不是天才，修理汽车需要特殊的设备和材料，比如真空泵、钻孔机、曲轴……"

　　客户："是的，不过，你误解了我的意思，我想说的是……"

　　销售员："我明白您的意思。就算您的部下绝顶聪明，也不能在没有专用设备的条件下干出高水平的活来……"

　　客户："但你还没有弄清我的意思，现在我们负责维修的伙计是……"

　　销售员："现在等一下，先生，只等一分钟，我只说一句话，如果您认为……"

　　客户："你现在可以走了。"

　　上述案例中，销售员几次三番打断客户的述说，犯了销售中的一大禁忌。如果采用上述这种对话方式，销售是根本没有成功的希望的。

　　据语言专家统计结果显示，一个人的说话速度大致在每分钟20～80个字之间，而人的大脑思维的反应速度却要快得多，所以在销售过程中你往往会遇到这种情况，很可能客户还没有将话说完，或者客户只是说出了其中的几句话，而你就已知道了他的全部意思。那么这时，由于已经了解了客户的意图，因此思想也就随之放松了，这种细微的心理变化显现在你的表情、动作上，以至于让客户感觉你对其讲述心不在焉、甚至充耳不闻。而当客户突然问你一些问题和请教你的见解时，如果你一愣神，或者答非所问，客户就会感到十分难堪和不快，觉得自己是在"对牛弹琴"，从而就会对接下来双方的沟通工作产生不利的影响。

对于喜欢倾诉的客户，销售员只要洗耳恭听。当客户讲完话题时，紧接着很可能说："就这么决定了，我们签协议吧！"即使签不了合约，他也会很高兴地等待与您的下一次见面。就一般的交谈内容而言，并非总是包含许多有用的信息。有时，一些普通的话题对你来说可能没有什么实际意义，但是客户的谈兴却很浓，这时，出于对客户的尊重，你应该保持足够的耐心，听客户说下去，切记不要流露出厌烦的神色。

第三章
懂得赞美，
把话说到客户心坎上

　　赞美不但可以拉近人与人之间的距离，而且能够打开一个人的心扉。一个成功的销售者，会努力满足客户的这种心理需求。既然客户需要赞美，销售者就没有必要吝啬讲动听的语言，因为赞美是不需要增加任何成本的销售方式。

1. 真诚地赞美客户

赞美别人也是一种美德，但最好不要说违心话。当你认为这样赞美最恰当时，那就这样赞美对方，这就是所谓的极好的赞美时机。只要你的赞美有根据、发自内心，对方的自尊心被你所尊重，那他一定会非常高兴。

杰克刚刚进入推销行业不久，还是一个处于学习阶段的学生。

一天，一位推销行业的前辈带他去进行上门推销，希望他能够在实际工作中尽快地学到一些经验。

杰克十分崇拜这位前辈，对前辈的一言一行也都仔细观察，用心记忆。一天，他发现前辈一见到约见的客户，就笑容满面地说："我听说您最近又做了不少善事，真是心地善良的人啊，那些穷苦的人能够遇见您，真是他们的一种幸运。"

本来是一脸严肃的客户听见这句话，立即喜笑颜开地说："哪里哪里，这是应该的。"

于是洽谈的气氛变得融洽许多，曾遭到拒绝的生意现在也谈成了。杰克仔细分析后认为，是前辈的那句赞扬的话起到了关键性的作用，于是勤奋好学的他将这句话记到了本子上。

老师终于同意让杰克独自去完成任务了。他的第一个客户是一个玩具商，在见到这位客户之前，杰克做了大量的准备，包括如何从寒暄引入正题、如何说服客户。在自认为准备得十分充分之后，他敲响了玩具商的门。

杰克见到玩具商一脸严肃，决定先缓和一下气氛，于是他故作兴奋地说："我听说您最近又做了不少善事，真是心地善良的人啊，那些穷苦的人能够遇见您，真是他们的一种幸运。"

玩具商听了这些赞扬后目瞪口呆，心想："我最近根本没做任何善事，这位推销员肯定是记错了，我不能允许一个不重视我的人在我的办公室里。"于是玩具商说："先生，恐怕你是认错人了，我很忙，请回吧！"

就这样，杰克还没有开口谈正事，就被拒绝了。

这说明了一个道理：赞美一定要建立在真实的基础之上，尽管人人都希望被赞美，但当赞美一些不符合现实的东西的时候，被赞美的人往往会产生"他说的是我吗？"的想法，同时也会得出"这是一个虚伪的人，他所说的话不值得信任，他的商品更不值得信任"的结论。一旦客户得出这样的结论，再如何能言善道，也将是徒劳。

作为一个销售人员，最重要的就是要做到被人接受，被越少的人拒绝就意味着越成功。那么，怎样才能做到被顾客接受呢？在销售人员话术中，赞美是行之有效的方法，但是盲目赞美也是不能被人接受的，甚至会引起顾客反感也说不定。因此，我们说，赞美必须发自内心，即赞美必须注入真诚，说话的魅力并不在于你说得多么流畅、多么滔滔不绝，而在于是否善于表达真诚！

用真挚诚恳的语言去打动对方，是一种在销售行业中被广泛使用的语言表达方式。这里的真诚不仅仅是只包括"真实"的意思，更重要的还在于要有"真情"。

真实和真情是赞美顾客时尤须注意的要素。以真实为铺垫、为基础，以真情动人，以真情感人，才能达到在赞美的同时说服对方的目的。鲁迅说得很深刻："只有真的声音，才能感动中国的人和世界的人；必须有了真的声音，才能和世界的人同在世界上生活。"

销售员在使用赞美获得客户好感的时候，应注意以下几个使用要点。

（1）赞美客户要真诚、热情

有些销售员知道要赞美客户，也很想赞美客户，可是不知道该如何开口，话到嘴边，又期期艾艾，半天说不出来。有的时候即使说出来了，要么就是声音小得像蚊子，要么给别人感觉像是挤牙膏一样，半天才挤出来一点，自己都觉得别扭，更不要说听的人了。所以，若要赞美一个人，就一定要大声、流畅地说出来，语调要真诚、热情，要能感染对方。

（2）赞美客户要别出心裁

比如，在金庸的《天龙八部》里面，有一个星宿派的掌门星宿老怪，非常喜欢弟子们对他阿谀奉承，他的那些弟子也非常肉麻，总是说他："星宿老仙，法力无边，神通广大，威震武林。"不过，这些奉承的话总是千篇一律，没什么新意，老怪听多了也没什么特殊的感觉。可是，他的弟子里面有一个人，就是"鬼灵精"的阿紫，她每次奉承起她师父来，总能别出心裁、与众不同，所以老怪平日里总是最喜欢她。这虽然是个反面例子，可是我们也能看出来，赞美一个人时，一定要与别人不一样。比如，如果你面对一位知名的企业家，就不要像别人一样去夸奖他如何会管理企业，而应该看看他有什么别的优点，要注意寻找别人都没有注意到的细节，只有这样你才能出奇制胜。

（3）赞美客户要善于把握机会

如果对方刚刚谈成一笔大生意，或者刚刚得到什么荣誉，那么此时就是一个很好的机会，因为这种时候的赞美显得真实，客户也容易接受，并获得最大的心理满足。当然，这种机会不是说有就有的，如果没有的话，应该怎么办呢？没有机会，就要创造机会。一般来说，在拜访一个客户时，至少有以下两个机会去赞美对方。

①与客户刚见面的时候，可以通过对客户及其公司的初步印象去赞美。

②在沟通的过程中，可以在客户的话语当中找到赞美对方的地方。当然，这个时候赞美要尽量不着痕迹，不要太过明显，但又要让对方听后感到非常舒服。

（4）赞美客户要聚焦一处

通常情况下，赞美一个人，可以通过以下几个角度来进行赞美。

①对方的外在形象。有的威严，有的儒雅，有的很有亲和力，有的风度翩翩，有的充满活力。

②对方的公司建筑，从办公室的装修摆设，可以看出对方的个人爱好、公司实力。实在什么都没有，也可以说说朝向、风水。

③对方取得的成就。可以请对方回忆其工作经历。

④对方的兴趣爱好。比如书法、佛学、易经、风水、体育、政治或历史等。

⑤对方的家人。有些人无论自己做了多大的成就,都不觉得有什么了不起,但是如果你赞美一下其孩子,其就会非常高兴。当然,前提是你见过对方的孩子,并且确定其非常疼爱孩子。

还有其他很多的赞美角度,但是不管是什么角度,不管你赞美他的哪一点,在赞美他的时候一定要聚焦一处,不要兵力分散,否则,效果不会太好。作为销售员,应该记住:十次赞美客户的十个优点,不如十次赞美客户的一个优点。

总而言之,只要销售员掌握赞美客户的这个"必杀技",就会很容易地获得客户的好感,使销售工作变得不再困难。

2. 用客户最想听的话打动他

如果你想打动客户,赞美客户是比较有效的一种办法。只不过,如果不懂得赞美,就会如隔靴搔痒一样,毫无用处。只有找到客户最想听的话,并说好它,才会说动客户,达到预期效果。

我和船上的外科大夫,在轮船抵达直布罗陀后,上岸去附近的小百货店购买当地出产的精美的羊皮手套。店里有位非常漂亮的小姐，递给我一副蓝手套。我不要蓝的。她却说，像我这种手戴上蓝手套才好看呢。这一说，我就动了心，偷偷地看了一下手套，也不知怎么的，看起来果真相当好看。我想将左手的手套戴上试试，脸上有点发烧——一看就知道尺寸太小，戴不上。

"啊，正好！"她说道。

我听了顿时心花怒放，其实心里明知道根本不是这么回事，我用力一拉，可真叫人扫兴，竟没戴上。

"哟，瞧您肯定是戴惯了羊皮手套！"她微笑着说，"不像有些先生戴这种手套时笨手笨脚的。"

我万万没有料到竟有这么一句恭维的话。我只知道怎么去戴好手套。我再一使劲，不料手套从拇指根部一直裂到手掌心去了。我拼命想遮掩裂缝。她却一味大灌迷汤，我的心也索性横到底，宁死也要识抬举。

"哟，您真有经验（手背上开口了）。这副手套对您正合适——您的手真细巧——万一绷坏，您可不必付钱（当中横里也绽开了）。我一向看得出哪位先生戴得来（照水手的说法，这副手套的后卫都'溜'走了，指节那儿的羊皮也裂穿了，一副手套只剩下叫人看了好不伤心的一堆破烂）。"

我头上给戴了七八顶高帽子，没脸声张，不敢把手套扔回这天仙的纤手里去。我浑身热辣辣的，又是好气，又是狼狈，戴上美女的高帽后心里还是一团高兴，恨只恨那位仁兄居然兴致勃勃地看我出洋相。我心里真有说不出的害臊，嘴上却说："这副手套倒真好，恰恰合适。我喜欢合手的手套。不，不要紧，小姐，不要紧，还有一只手套，我到街上去戴，店里头真热。"

店里真热，我从来没有到过这么热的地方。我付了钱，好不潇洒地鞠了一躬，走出店堂。我有苦难言地戴着这堆破烂，走过这条街，然后，将那丢人现眼的羊皮手套扔进了垃圾堆。

这个故事出自美国著名作家马克·吐温的《傻子出国记》。作家以第一人称的手法，诙谐、夸张而又淋漓尽致地描述了推销中心理力量的精彩作用。

这位小百货店的美丽小姐，为了说服顾客买她的羊皮手套，恰到好处地利用人们心理和情感等方面存在着的人性弱点，抛出一顶顶高帽子，让顾客陷入自己的洋洋得意中，跨入她设置的陷阱。

而这位爱面子、好虚荣、重尊严的顾客，宁死也要识她的抬举，于是在被灌了一肚子迷魂汤后，在心里"害臊"和面上"开开心心"的矛盾下，戴着这堆"丢人现眼"的破烂羊皮手套离开了商店。

这里，漂亮的店员小姐紧紧抓住顾客人性弱点步步进攻，导致顾客不能做出最好的选择而臣服在她的脚下。

人人都有虚荣心，都喜欢听恭维的话。在推销过程中，适当地给顾客戴顶高帽子，顾客在陶醉中很容易就能购买你的东西了。

大多数人都喜欢听漂亮话，喜欢被人赞美，有时候明明知道这些赞美之辞都是言不由衷的话，但仍喜欢听。在推销中，如果能适当地恭维顾客，给他一顶高帽子戴戴，一旦他飘飘然，那你的推销就一定会成功。

图书推销员王明路过一家店铺时，看见一个年轻人正坐在里面的一张老板椅上，看着一本叫《穷爸爸，富爸爸》的书。王明走进去说："您也在看这本书呀！我也很爱看这本书。这本书写得非常棒啊！"

"是啊！这本书写得太棒了，简直就是一本大学教材，社会大学的教材。我没有上过大学，但我个人认为，社会大学通常比课本上学到的东西要多得多。"年轻人赞同道。

"太对了！这本书里面的富爸爸提倡的就是这种观念。一个人具备什么样的心态和智慧，决定了他有什么水平的认识。从您刚才说出来的话，我就可以判断得出来，您对这本书不光是随便地读一读那么简单，肯定是研究得非常彻底了吧？"

"哈哈，我这个人天生不爱上学，就爱看看课外书。"

"但是，你具备读书的天赋呀，我感觉你很会运用知识。你看，你这么年轻就开了一家店，以后，你的店面一定还会不断扩大的。而且，如果你能结合你所在的领域，融入这本书的观念去做事，将来你会很了不起的！"

听了王明对自己的观点和认识逐一正面引申和赞美后，年轻人话兴大增，不由得夸夸其谈、眉飞色舞起来，大讲自己的理想和人生规划。最后，他主动地向王明订购了不少图书，还和王明成了好朋友。

王明能和这位年轻人成为朋友，关键是王明能抓住年轻人最爱听的话，进行引导。换言之，王明能够用赞美挠到年轻人的"痒痒处"。

在推销过程中，当你与客户说话时，若要获得对方的认同，就一定要善于抓住每件事情的重点来谈自己的感受，直接认可对方最核心的东西，这样，你才是挠到了对方最"痒痒"的地方，让对方感觉非常惬意和舒服。

学会找到对方最想听到的话，然后说给对方听，这样，你将能迅速获得对方的好感，进而赢得销售的机会。

3. 赞美要恰当有度

人性中最强烈的欲望是成为举足轻重的人，人性中最根深蒂固的本性是想得到赞赏。优秀的推销员应当学会把握人的这种心理。但是赞美要有分寸，不恰当的赞美会收到负面效果。

真诚的赞美是实事求是的，有根有据的，发自内心的，为天下人所喜欢的。如果你的赞美并不是基于事实或者发自内心，就很难让客户相信你，甚至客户会认为你在讽刺他。随口的、不负责任的称赞比不称赞的效果还坏。

我们经常说礼多人不怪。推销员对客户总是礼遇有加，但经常也会以近乎拍马屁的态度去奉承每一个客户，这种做法其实是不妥的。

所以，推销的技巧中虽然会用到一些称赞的语言，但若运用不当，就会收到相反的效果。也就是说，在赞美对方时，首先要考虑到一个事实，那就是客户可以接受哪些称赞的话，倘若适得其反，不如不用。身为推销员，反应能力一定要快，当客户出现反感时要立即打住，避免形成僵局。

应该以更实际的做法来获得客户的认同，并且随时顺应社会的变迁，掌握最新的资料，调整新的推销策略，这样，才能跟上时代。

另外，赞美还要有度，要把握好时间。不能把时间都花在赞美上。

某人寿保险公司的两位推销员汤姆逊与迪克一起去拜访一位大人物——杰姆逊先生。这位先生早年白手起家，从一个卖报的小贩成为一家颇具规模的家电公司的总裁。他的传奇经历在小城可谓家喻户晓。

见面寒暄之后，汤姆逊就说："杰姆逊先生，我很小就听说了您的大名，从心底崇拜您。我想，您一定有很多故事，如果我们今天能亲耳听到您的故事，会非常荣幸的。"

"小伙子，我的故事很简单。你们今天来不是为这个吧……"

"我亲爱的先生，您可知道有多少人做梦都盼着见您一面呢！您……"

迪克感觉不妙，要制止汤姆逊说下去。可汤姆逊正在兴头上，又一口气说出许多不切实际的赞美之词来。杰姆逊一时也被他的话冲昏了头，开始回顾自己的创业史。话一开头就收不住，结果原定的半个小时拜访时间很快就到了，杰姆逊的秘书前来告知几位分部经理都到了，正等着杰姆逊前去开会呢！

这样的赞美占用了大部分时间，最后销售的结果可想而知。要赞美，既要真诚，把握好分寸，还要有度。真诚的赞美会收到良好的效果。赞美是一件好事，但绝不是一件易事。赞美别人时如不审时度势，也会变好事为坏事。

某著名化妆品公司销售代表小李，深谙赞美之道。但是，在她刚刚步入销售人员的行列时，也曾因赞美不得法而得罪了客户。

那天，她拜访一位刘小姐，恰巧刘小姐的一位闺中密友也在，为了争取到更多的客户，给刚刚认识的女士们留下一个好的印象，她决定依靠赞美这一战术来达到打动她们的目的。

出于这样的心理，她对刘小姐说："您的朋友很漂亮。"刘小姐的朋友听了很高兴，走过来跟小李握手，又对她的化妆品问这问那，显得很热情。小李很得意，认为自己的赞美话术奏效了。事实上也的确如此。但就在此时，小李转过头发现刘小姐一言不发，好像很不高兴的样子，对自己也不再热情了。小李心里明白自己对其他人表示赞赏之意而将主人刘小姐忽略，这犯了销售的大忌。小李心里一急，又加了一句话："就是皮肤黑了点。"

这时，杠杆平衡了。但是，结果并不是两个人都对她热情有加，而是都对她冷眼相看，认为这个人怎么这么不会说话。就这样，小李不但失去了两个潜在的客户，而且令自己颜面尽失。

为了避免你的赞语引起误解，不要没头没脑地就大放颂词。你对客户的赞赏应该与你们眼下所谈的话题有所联系。

请留意你在何时以什么事为引子开始称赞对方。是对方提及的一个话题，讲述的一个经历，也可能是对方列举的某个数字，或是向你所做的一种解释，都可以用来作为引子。

所以，在表扬或称赞他人时请谨慎小心，注意措辞，尤其要注意以下几条原则：

第一，列举客户身上的优点或成绩时，不要举出让客户觉得无足轻重的内容。

第二，你的赞扬不可暗含对对方缺点的影射。比如这样一句口无遮拦的话："太好了，在一次次半途而废、错误和失败之后，您终于大获成功了一回！"

第三，不能以你曾经不相信对方能取得今日的成绩为由来称赞对方。比如："我从来没想到你能做成这件事。"或是"能取得这样的成绩，恐怕连你自己都没想到吧。"

第四，你的赞词不能是对待小孩或晚辈的口吻，比如："小伙子，你做得很棒啊，这可是个了不起的成绩，就这样好好干！"

总之，赞美就像空气清新剂，可以振奋客户的精神，"美化"气氛。但也必须清楚，再好的清新剂也有过敏以及反感者，更何况人与人之间的关系如此复杂，如果不通达人情，不根据所赞对象的心情及当时的具体情况而乱赞一通，恐怕真的会将马屁拍到马掌上。

4. 阿谀奉承不是赞美

有一位销售员曾经说，原先他以为"拍马"是拍拍马的屁股，让马感到很舒服，后来才知道"拍马"一词出自蒙古族。据说从前蒙古人的身份、地位完全可以从他的坐骑看出，所以，当他们称赞一个人时，总是拍着他的马的屁股连声道："好马！好马！"既然马是好马，那骑在马背上的主人自然是好汉了。

虽说人人都喜欢听赞美之词，但也并不是无条件地喜欢一切赞美自己的言论。"拍马屁"若拍得不得法，不仅达不到预期的目的，反而会引起对方的反感。

比如说，有的推销员上顾客家去推销时，只要看见主人是女的，张口就说："您长得真漂亮！""您打扮得真好看！"或"您显得真年轻！"像这种一点铺垫都没有的夸奖，太不自然了。碰上脾气好的至多不过说你"神经病"，然后把门关上；要是碰上脾气不好的，她不骂你"流氓"才怪呢。

怎样使你的"马屁"拍得不唐突呢？有一位推销员是这样做的：

当他敲开一顾客家的门，看见开门的是一位十分年轻的少妇时，便故意装出一副惊慌失措的样子，可怜巴巴地说："真对不起，小姐，我是个推销儿童游戏卡的推销员，我本来是想找一家有小孩的，没想到打搅您了。"

那少妇有些火了："我就有孩子。"这位推销员又赶紧装出一副很惊诧的样子，瞪了她半天，才用惊奇的语调说："啊，啊，请原谅，没想到您已经有孩子了，您是这么年轻、漂亮……真不敢相信。"正如他所预料的那样，那位少妇的脸上有了笑容。

此外，赞美还必须符合事实，否则收不到任何好的效果的。最好的办法是选中对方最心爱的东西、最引以为豪的东西进行称赞，这样的称赞无论怎样过分，对方都不至于气恼。

有一位工程师史先生，他想要降低房租，可他知道他的房东是相当顽固的，他说："我写信给房东，告称在租约期满后，准备迁出，实际上我并不想迁居，只希望能减低租金，但依情势来看，不会有太大希望，因为许多房客都失败了，那房东难以应付，不过我正在学习如何待人的技术，因此我决定试验一下，房东收到我的信后，不出几天就来看我，我在门口很客气地迎接他，我态度和善、热诚，我没有开口就提及房租太高，我开始谈论我是如何的喜欢他这房子，我做的是'诚于嘉许宽于称道'。我恭维他管理房舍的方法，并告诉他很愿意继续住下去，但是限于经济能力不能负担。"

"显然，他从未接受过房客如此的肯定和款待，他几乎不知如何是好，于是他开始向我吐露，他也有他的困难，有一位抱怨的房客，曾写过十多封信给他，简直是在侮辱他，更有人曾指责，假如房东不能增加设备，他就要取消租约。"

"临走时他告诉我：'你是一个爽快的人，我乐于有你这样一位房客。'我还没有开口请求，他便自动降低了租金，我希望再减一点，于是我提出了我的数目，于是他便毫无难色地答应了。当他离开时，还问我：'有什么需要替你装修的吗？'"

"假如我用了别的房客的方法去减低租金，一定会遭遇他们同样的失败，可是我用了友善、同情、欣赏、赞美的方法，使我获得了胜利。"

当然，赞美别人要真心，要恰如其分，不要言过其实，说得天花乱坠，过了头的就不是赞美，而是"拍马屁"了。因人、因时、因地、因场合适当地赞美人，是对别人的鼓励和鞭策。年轻人爱听风华正茂、有风度等赞语，中年人爱听幽默风趣、成熟稳健等赞语，老年人爱听经验丰富、老当益壮、德高望重等赞语，女同志爱听年轻漂亮、衣服合体、身材好等赞语，孩子爱听活泼可爱、聪明伶俐等赞语，病人爱听病情见好、精神不错等赞语。

取人之长补己之短，抬着头看别人，你就会越走越高；反之总觉得别人不如自己，高高在上，低着头看别人，你就会越走越低。善于发现别人的长处，还必须善于赞美，赞美别人的同时，你的心灵得到净化，你就会发现世界无限美好，人间无限温暖。

赞美有时也无须刻意修饰，只要源于生活，发自内心，真情流露，就会收到赞美之效。但要更好地发挥赞美的效果，也需要注意以下几个要点。

（1）实事求是，措辞恰当

当你准备赞美别人时，首先要掂量一下，这种赞美，对方听了是否相信，第三者听了是否不以为然，一旦出现异议，你有无足够的理由证明自己的赞美是有根据的。

一位老师赞美学生们："你们都是好孩子，活泼、可爱、学习认真，做你们的老师，我很高兴。"这话很有分寸，夸学生们既努力学习，又不骄傲。

（2）赞美要具体、深入、细致

抽象的东西往往不具体，难以给人留下深刻印象。如果称赞一个初次见面的人"你给我们的感觉真好"，这句话一点作用都没有，说完便过去了，无法给人留下任何印象。但是，倘若你称赞一个好推销员："小王这个人为人办事的原则和态度非常难得，无论给他多少货，只要他肯接，就绝对不用你费心。"那么由于你挖掘了对方不太明显的优点，给予赞扬，增加了对方的价值感，该赞美起的作用会很大。

（3）热情洋溢

漫不经心地对对方说上一千句赞扬的话，也等于白说。缺乏热情的空洞的称赞，并不能使对方高兴，有时还可能由于你的敷衍而引起对方的反感和不满。

（4）赞美多用于鼓励

鼓励能让人树立起自信心。自信是成功的基石，用赞美来鼓励对方，能达到事半功倍的效果,尤其在"第一次"。无论任何人做任何事情,都有第一次的时候,如果对方第一次做得不好,你应该真诚地鼓励对方:"第一次有这样的表现已经很不容易了!"对方会因为你的鼓励而树立信心,下次自然会做得更好。

对别人的赞美要客观、有尺度、出于真心,而不是阿谀奉承、刻意恭维讨好,这样做会适得其反,会引起别人反感。赞美之辞既是对别人成绩的肯定,使听者感受到自己存在的价值,激发其努力做出更大的成就,而扼杀人与人之间最为宝贵的真诚乃是妒忌,见不得别人比自己有地位、有成就,见不得别人比自己有钱。这样的心态,是无法说出真诚的赞美之词的。说出真诚、由衷的赞美是需要雅量的。

5. 别具一格的赞美语言更讨人喜欢

赞美要有新意才会得到对方的认同。陈词滥调每个人都会背,这样的赞美反而会引起人的反感,要引起对方注意,必须有别具一格的赞美语言。

杰克的公司承包了一项建筑工程,预定于一个特定日期之前,在费城建立一幢庞大的办公大厦。一切都照原定计划进行得很顺利。大厦接近完成阶段时,负责供应大厦内部装饰的承包商突然宣称,他无法如期交货。

如果真是这样的话，整幢大厦都不能如期交工，公司将承受巨额罚金。

长途电话、争执、不愉快的会谈，全都没效果。于是杰克先生奉命前往纽约，当面说服该承包商。

"你知道吗？在布鲁克林区，有你这个姓名的，只有你一个人。"杰克先生走进那家公司董事长的办公室之后，立刻就这么说。

董事长有点吃惊地说："不，我并不知道。"

"哦，"杰克先生说："今天早上，我下了火车之后，就查阅电话簿找你的地址，在布鲁克林的电话簿上，有你这个姓的，只有你一人。"

"我一直不知道。"董事长说着很有兴趣地查阅电话簿。

"嗯，这是一个很不平常的姓，"他骄傲地说："我这个家族从荷兰移居纽约，几乎有二百年了。"一连好几分钟，他都在说他的家族及祖先。当他说完之后，杰克先生开始称赞他拥有一家很大的工厂，说自己以前也拜访过许多同一性质的工厂，但跟他这家工厂比起来就差得太多了。"我从未见过这么干净整洁的铜器工厂。"杰克先生如此说。

"我花了一生的心血建立这个公司，"董事长说："我对它感到十分骄傲。你愿不愿意到工厂各处去参观一下？"

在参观过程中，杰克先生赞扬了工厂组织制度健全，并告诉董事长工厂生产的产品看起来比其他竞争者的高级。杰克先生还对一些不寻常的机器表示好奇，这位董事长解释说机器是他本人发明的。他花了不少时间，向杰克先生说明那些机器如何操作，以及它们的工作效率多么良好。他坚持请杰克先生吃中饭。到这时为止，你一定注意到，杰克先生一句话也没有提到此次访问的真正目的。

吃完中饭后，董事长说："现在，我们谈谈正事吧。自然，我知道你这次来的目的。我没有想到我们的相会竟是如此愉快。你可以带着我的保证回到费城去，我保证你们所有的材料都将如期运到，即使其他的生意会因此延误也无所谓。"

杰克先生甚至未开口要求，就得到了他想要的所有的东西。那些器材及时运到，大厦就在契约期限届满的那一天完工了。

建立在真实基础之上的赞美才能够被人信服和接受。真实与否是区分真心赞美和阿谀奉承的关键，要想使你的赞美达到好的效果，不流于庸俗，就要谨记：真实的，才是人们喜欢的，世间万物都是如此。

有人说，赞美是所有声音中最甜蜜的一种，赞美应该给人一种美的感受，但很多人的赞美语言乏味，净是些陈词滥调，以下三种表现我们就应该尽量避免：

（1）公式化的套词俗语

一些初涉社会交际圈的青年很容易犯这种忌讳，自己没有社交经验，见面就是久仰大名、如雷贯耳、百闻不如一见、生意兴隆、财源茂盛等俗不可耐、味同嚼蜡的恭维。这种公式化的套词给人不冷不热的印象，使人感觉对方缺乏诚意、玩世不恭，造成不值得深交的印象。

公式化的套词俗语，有时还会冲撞别人的忌讳。一位年轻小伙子到同学家去玩，见到同学的哥哥后上去就来了一套公式："大哥你好，见到你真高兴！久闻你的大名，百闻不如一见！"没想到对方的脸从头红到脖子。原来，他同学的哥哥刚因打架斗殴蹲了15天的拘留所出来，这个年轻小伙子根本不明情况就"久闻大名"地恭维了一番，却揭了对方的伤疤，教训甚大。

（2）鹦鹉学舌，说别人说过的话

一些人在公共场合赞美别人时，自己想不出怎样赞美，只能跟着别人学话，附和别人的赞美。常言道：别人嚼过的肉不香。古时候，朱温手下就有一批鹦鹉学舌拍马的人。一次，朱温与众宾客在大柳树下小憩，独自说了句："好大柳树！"宾客为了讨好他，纷纷起来互相赞叹："好大柳树"。朱温看了觉得好笑，又道："好大柳树，可做车头"，实际上柳木是不能做车头的，但还是有五六个人互相赞叹："好做车头"。朱温对这些鹦鹉学舌的人烦透了，厉声说："柳树岂可做车头！我见人说秦时指鹿为马，有甚难事！"于是把说"可做车头"的人抓起来杀了。

每个人可能都有这种经历。中国人有个传统就是别人赞美自己时，自己往往都要谦虚一下。如果是在人多的场合，大家众口一词地赞美某个人的同一件事，就会使其陷入很不自在的境地，越是最后赞美的话语相同，越让其感到厌烦。

（3）仅仅说些限于别人专长的话

每个人都有一技之长，大家往往都很容易发现这一点，赞美其专长的人也最多。时间长了，被赞美的人听腻味了，对这方面的赞美也就不在意了。比如一个画家，人们肯定都关注他的画技，对书法家可能总被赞美其书法水平高。常言道：好话听三遍，听多了鬼也烦。

可见，陈词滥调不仅是社交的忌讳，也是赞美别人的忌讳。那么，怎样才能避免陈词滥调呢？

（1）赞美对方时要投入，抓住对方的心理去赞美

陈词滥调往往是在不深入了解对方心理的情况下说出的疲于应付的话，是无的放矢。只有把握住对方的脉搏，才能知道对方此时的心情和需要。

（2）赞美别人专长以外的东西

聪明的人善于实施"迂回赞术"，围绕对方关注的但又不是专长的方面进行赞美。举个例子，大家都知道空姐们既漂亮又热情周到，所以听到乘客对自己容貌和服务方面的赞美太多了，可以说耳朵也起了茧子。一位黑人先生一次在下飞机时，很激动地赞美中国空姐道："我在国外坐了这么多次飞机，第一次遇到对我们黑人这么友好的服务小姐。"这位黑人先生没有赞中国空姐漂亮，也没有赞其服务水平有多高，而是换了个角度称赞中国空姐没有种族歧视的高尚品格，可谓观点独特。

6. 赞美需要一定的技巧

渴望受到赞美是人的天性之一，我们的客户也不例外。在销售中，销售员不妨抓住客户的这种心理，让客户的自尊心和荣誉感得到满足，这样，客户听到我们对其赞赏，感到愉悦和鼓舞，就会对我们产生亲切感，从而缩短彼此之间的心理距离。客户与我们之间的融洽关系就可以从这里开始，接着就可以很容易地转入正题。

赞美客户，不但能让对方快乐，同时也会使我们自己获得满足。如果销售员每天都适当地赞美客户，那么，其将感受到自己的快乐指数也在不断上升。销售员快乐和积极的心态也会感染到客户，这样，成交也就变得更容易了。

图书推销高手王晨认为，他的成功秘诀其实只有一条：非常善于赞美顾客。

有一天，他出去推销书籍，遇到了一位非常有气质的女士。当时王晨刚刚学会运用"赞美"这个推销法宝。当那位女士听到王晨是个推销员时，脸一下子就沉了下来："我知道你们这些推销员都是很会奉承人的，专挑好听的说，但我肯定不会听你的鬼话的。你还是省省吧！"

　　王晨并不介意女士的话，而是微笑着说："您说得很对！推销员总是在挑一些好听的词来忽悠人，说得别人头昏脑涨的，像您这样的顾客我还是很少遇到，特别有主见，从来不会受别人的支配！"

　　听了王晨的这些话，女士的脸慢慢地由多云转晴了，对王晨的态度也友好了起来。接着，她问了王晨很多问题，王晨都一一做了回答。在交谈过程中，王晨又总能适时地送上几句赞美的话，这令女士更加开心，最后，她很爽快地向王晨订了20多套书，让他送到她的办公室去。后来，她成了王晨非常忠实的客户。

　　随着推销经验的日渐丰富，王晨总结了这样一条心得："没有人不爱被赞美，只有不会赞美别人的人。"他认为，要想让客户下订单买你的东西，就必须学会适时地赞美客户，只要客户能够被你夸得心花怒放，你的生意就十拿九稳。

　　有一天，王晨去到一家公司推销图书，该公司办公室里的员工们订购了很多书，正在填单过程中，忽然从外面进来了一个人，大声地说："这些跟垃圾似的书到处都有，要它干吗？"

　　王晨遇到过不少这样的人，所以一点都不介意，当他正准备向这个人露一个笑脸时，这个人却又一句话冲了过来："你别向我推销，我肯定不要！我保证不会买！"

　　"您说得很对，您怎么会买这样的书呢？明眼人一下子都能看得出来，您是读了很多书的，很有文化素养，很有气质，要是您有弟弟妹妹，他们一定会以您为荣为傲，一定会很尊重您的。"王晨微笑着，不紧不慢地说。

"你怎么知道我有弟弟妹妹的？"这个人对王晨有了一点兴趣。

"当我看到您时，就感觉您有一种当大哥的风范，我想谁要是有您这样的哥哥，谁就是很幸运的人啊！"

接下来，这个人开始以大哥教导小弟的语气说话了，而王晨则像对大哥那样尊敬地赞美着他，两人一直聊了半个小时。最后，这个人以支持王晨这位兄弟工作为由，为他自己的弟弟、妹妹订购了10套书。

回想起这件事，王晨感慨道："只要能跟我的顾客聊上三分钟，他将很难不买我的图书。因为我知道，无论做人还是做事，要改变一个人，最有效的方式就是，传递信心，转移情绪。为什么这么说呢？因为人是感性左右理性的动物。若一个人的感性被真正地调动了，那么这个人想拒绝你会比接受你还难。而要想迅速地控制一个人的感性，最有效和快捷的方法就是恰如其分的赞美。"

对推销员来说，赞美说得好，产品就畅销。既然赞美如此有用，我们不妨现在就开始对"赞美"学以致用吧。然而，赞美也是一门艺术，要做到轻松自如、得心应手，也需要一定的技巧。那么，在赞美客户的时候，我们应该注意哪些呢？

（1）赞美要选择适当的目标

就个体来说，个人的长相、衣着、举止谈吐、风度气质、才华成就、家庭环境、亲戚朋友等，都可以给予赞美。就企业或团队来说，除了上述赞美内容之外，企业名称、规模、产品质量、服务态度、经营业绩等，也可以作为赞美内容。不论是赞美个人还是赞美团体，不论是赞美人物还是赞美事物，都应该选择最佳赞美目标。如果推销人员胡吹乱捧，则必将弄巧成拙。

（2）赞美要把握分寸

事实上，不合实际的、虚情假意的赞美，只会使客户感到难堪，甚至会产生反作用，导致顾客对推销员产生不好的印象。因此，推销人员赞美客户，一定要诚心诚意，一定要把握分寸。

对于年老的客户，应该多用间接、委婉的赞美语言；对于年轻的客户，则可以用比较直接、热情的赞美语言。

面对严肃型的客户，赞语应自然朴实，点到为止；对于虚荣型客户，则可以尽量发挥赞美的作用。

（3）赞美不一定适合所有客户

有些客户不愿意与销售员做过多的交谈，更不愿意被人品头论足、说三道四，尤其不喜欢销售员触及自己的个人或家庭私事，认为他们的所谓赞美只不过是一种愚弄客户的手段而已，因此，销售员要注意这一点。

7. 赞美竞争对手更易赢得信任

福兰克林曾说过："不要说别人不好，而要说别人的好。大多数情况下，不失时机地夸赞竞争对手可以取得意想不到的效果。"对于销售员来说，竞争对手就是那些正在或企图从你手中抢走客户的人。一些销售员把争抢客户的竞争对手视为"敌人"，企盼将"敌人"一扫光，或常常发出"既生瑜，何生亮"的感慨。其实，销售员大可不必以如此的心态对待竞争对手，因为，战场上没有对手便没有英雄，商场上没有对手就没有成就。

销售员在与自己的客户面谈时，客户免不了会向你询问有关你竞争对手的信息，或者在你面前称赞你竞争对手的产品或服务，那么你会怎样面对呢？很多销售员听到客户的这些话，情绪上都很别扭，有的控制不住自己的情绪，开始宣扬对手的产品不好，甚至攻击对手的人品，殊不知这样的结果往往会适得其反，客户会因你刚才的一席话拂袖而去。

王经理在市场上招标，要购入一大批水泥。收到两家公司投标，一家来自一个和他合作过不少生意的A公司，A公司的销售员找上门来，问他还有别的公司来投标吗，王经理碍于面子告诉了他。没想到在接下来的谈话里，这个销售员开始了对另一家公司喋喋不休的评价："他们啊，他们是一家刚开始起步的公司，他们能按照您的要求发货吗？他们的信誉不知道怎么样，产品质量也不知道有没有保证，您就愿意冒这样的风险吗？王经理……"王经理是一个不喜欢评论别人长短的人，听销售员这样说，对这个销售员的印象大跌，于是抱着一种客观的态度对参与投标的新公司进行了实地考察，没想到这家公司对车间管理和产品质量要求都非常严格，王经理马上就和他们签了订单。后来，他们之间保持了良好的生意往来。

从这个实例可以看出，销售员在攻击竞争对手的时候，其可信度也开始在客户的心目中下降，其言行非但不能让自己的生意做成，反而为竞争对手做了广告。那么，销售人员该如何正确对待竞争对手呢？

（1）掌握竞争对手尽可能多的信息

当今市场，一个企业独霸某行业，无一竞争对手的情况早已不复存在。孙子兵法云："知彼知己，百战不殆"。知晓、了解自己的竞争对手已成为每个销售员都应该极其重视的一件事。因为只有了解竞争对手才能在面对客户时回答他们的问题，才能更好地介绍自己的产品。试想，在销售过程中，如果客户问你："我觉得你们的产品和宝利公司的产品性能、款式都一样呀，为什么却比人家的贵很多呢？"而你却对宝利公司一无所知，答复客户也只能支支吾吾、含含糊糊，这样，客户不但对你的产品没有更深层次的了解，而且也觉得你是一个不称职的销售员。如此一来，你的成交率就微乎其微了。

对竞争对手的了解应当是深入的、细致的、全方位的，具体说来包括以下信息：竞争对手产品的一览表，这是属于最基本情况的了解，竞争对手在未来一段时间内将有哪些产品问世？有哪些产品是正在研制中？竞争对手所有产品的价格，这些价格是属于渗透定价法，即少盈利甚至不盈利以期扩大市场占有率的，还是撇脂定价法，以期从中获取巨额利润的；竞争对手的产品有哪些特征？其优缺点各是什么？竞争对手产品的市场销售量如何？是呈上升趋势、下降趋势，还是多年持平？客户对竞争对手产品的反应如何？是满意居多，还是不满居多？

销售员掌握了上述信息，不但可以为自己的销售活动提供一定的参考和借鉴，当客户询问对手公司的情况时，你才能扬长避短，把自己的产品优势突出出来，回答客户信息时，虽然不可恶意攻击，也不用刻意把对手公司的优势向客户解释得那么详细，把自己的客户拱手送人。

竞争不可避免，保持自己的优雅。当客户向你称赞客户产品时，要给予适当的评价，避免以下两种回答。

一是"既然他们的产品那么好，你就买他们的去啊！"这样的回答不但有损你的形象，也会有损公司的形象，而且客户可能再也不会和你打交道了，多说一句话就让自己永远地失去了一位客户，这是不值得的；二是捏造有关竞争对手的坏话，如"那家公司的内部有矛盾，搞不好老板会卷钱走人呢，还是谨慎点""听说那家店经常被上面调查啊，质量不过关"等等，客户总有一天会明白事情的真相，要想凭攻击别人来赢得客户是不可取的，给予竞争对手客观的评价，反而提升客户对你的好感与信任感，而争取到与之合作的机会。

（2）与竞争对手协作共赢

俗话说，"众口难调"，不同客户的需求总是各不相同，而企业开发产品的能力总是有限的，由于客户需求和自身产品特点之间的差异，竞争对手之间常常可以取长补短、互通有无。把那些需求更符合竞争对手产品的客户大大方方地"出让"，这种真正站在客户立场上为满足客户实际需求的"出让"，不但会给客户带来好处，更会为你自己的长远利益提供帮助。如果你想从竞争对手那里获得客户资源，那就要将不适于你、更适于他们的客户介绍到他们那里。

第四章
真诚的话语，
是打动客户的最佳诀窍

　　作为一名销售员，做到能说会道绝不容易，如果客户想知道你的产品性价比，你该告诉客户哪些方面好，哪些方面不好，一定不要有所隐瞒，应实事求是。真诚才能打动客户，真诚才能留住客户，真诚才能有所收获。

1. 用真诚换取真诚

真诚，是说服客户达到销售成功的第一乐章。曾经打败过拿破仑的库图佐夫，在给叶卡捷琳娜公主的信中说："您问我靠什么魅力凝聚着社交界如云的朋友，我的回答是'真实、真情和真诚'。"真实、真情和真诚的话语，是打动客户的最佳诀窍。

大诗人白居易曾说过："动人心者莫先乎于情。"炽热真诚的情感能使"快者掀髯，愤者扼腕，悲者掩泣，羡者色飞"。说服客户如果只追求语言动听，缺乏真挚的感情，开出的也只能是无果之花，虽然能欺骗客户的耳朵，却永远不能欺骗客户的心。著名演说家李燕杰说："在演说和一切艺术活动中，唯有真诚，才能使人怒；唯有真诚，才能使人怜；唯有真诚，才能使人信服。"若要使客户动心，就必须要先使自己动情。第二次世界大战期间，英国首相丘吉尔对秘书口授反击法西斯战争动员的演讲稿时哭得涕泪横流。正因为如此，他后来的发言才更加动人心魄，极大地鼓舞了英国人民的斗志。

说服客户贵在真诚。有诗云："功成理定何神速，速在推心置人腹。"只要你与客户交流时能捧出一颗恳切至诚的心，一颗火热滚烫的心，怎能不让客户感动？怎能不动人心弦？

　　说服客户不是敲击锣鼓，而是敲击他们的"心铃"。"心铃"是最精密的乐器。因此，成功的销售员总是能用真挚的情感、竭诚的态度击响客户们的"心铃"，刺激之、感化之、振奋之、激励之、慰藉之。对真善美，热情讴歌；对假恶丑，无情鞭挞；让喜怒哀乐，溢于言表；使黑白贬褒，泾渭分明。用自己的心去弹拨客户之心，用自己的灵魂去感染客户的灵魂，使听者闻其言，知其声，见其心。

　　说话的魅力，不在于说得多么流畅，多么滔滔不绝，而在于是否善于表达真诚。最能销售产品的销售员，不见得一定是口若悬河的人，而是善于表达自己真诚情感的人。

　　美国总统林肯就非常注意培养自己说话的真诚情谊，他说："一滴蜂蜜要比一加仑胆汁更能吸引更多的苍蝇。人也是如此，如果你想赢得人心，首先就要让他相信你是他最真诚的朋友。那样，就会像一滴蜂蜜吸引住他的心，也就是一条坦然大道，通往他的理性彼岸。"1858年，林肯在一次竞选辩论中说："你能在所有的时候欺骗某些人，也能在某些时候欺骗所有的人，但你不能在所有的时候欺骗所有的人。"这句著名的格言，成为林肯的座右铭，也成为我们今天说话者应依据的座右铭。

　　如果你能用得体的语言表达你的真诚，你就能很容易赢得客户的信任，与客户建立起信赖关系，客户也可能因此喜欢你说的话，并因此答应你提出的要求。能够打动人心的话语，才可称得上是金口玉言，一字千金。

　　人与人之间都应真诚相待。那么，我们该如何换来客户对我们的真诚呢？答案很简单，只有七个字，那就是：用真诚换取真诚。

当松下电器公司还是一个乡下小工厂时，作为公司领导，松下幸之助总是亲自出门销售产品。每次在碰到砍价高手时，他总是真诚地说："我的工厂是家小厂。炎炎夏日，工人们在炽热的铁板上加工制作产品。大家汗流浃背，却依旧努力工作，好不容易才制造出了这些产品，依照正常的利润计算方法，应该是每件××元承购。"听了这样的话，对方总是开怀大笑，说："很多卖方在讨价还价的时候，总是说出种种不同的理由。但是你说的很不一样，句句都在情理之中。好吧，我就按你开出的价格买下来好了。"

松下幸之助的成功，在于真诚的说话态度。他的话充满情感，描绘了工人劳作的艰辛、创业的艰难、劳动的不易，语言朴素、形象、生动，语气真挚、自然，唤起了客户切肤之感和深切的同情。正是他的真诚，才换来了客户真诚的合作。

说话具有真情实感，能够做到平等待人，虚怀若谷，这样的销售员说的一字一句都犹如滋润万物的甘露，点点滴入客户的心田。

拳王阿里因为年轻时不善于言辞而影响了他的知名度。一次，阿里参赛时膝盖受伤，观众大失所望，对他的印象更加不好了。而当时阿里并没有拖延时间，而是要求立即停止比赛。阿里对此解释说："膝盖的伤还不至于到影响比赛的程度，但为了不影响观众看比赛的兴致，我请求停赛。"在这之前，阿里并不是一个多有人缘的人，但是由于他对这件事的诚恳解释，使观众开始对他产生了好的印象。他为了顾全大局请求比赛暂停的真诚，是在替观众着想，由此也深深地感动了观众。

成功说服表现在如何打动人心上。阿里以一句发自内心的真诚之语挽回了观众对自己的不良印象，也换来了观众对他的支持与喜爱，可谓一字千金。一个销售员能成功，很多时候并不在于他能滔滔不绝地吹嘘自己，而是他能为客户着想，关心客户的利益，用自己的真诚换来客户的信任。其实，对于观点，在这个世界上并没有绝对的正确和绝对的错误，有的只是不同的立场。因此在与客户交谈的过程中，销售员要经常站在客户的立场去真诚地理解客户的话。即使客户的观点有点不符合事实，销售员也不需要仅仅凭借自己的主观意见去指责或纠正。只有当我们真诚地关注客户，我们才能获得客户的关注，客户也会为你的真诚话语所打动，从而信任你以及你的产品。

2. 寻找客户感兴趣的话题

引起客户感兴趣的话题，使整个销售沟通充满生机。大多数客户是不会马上就对你的产品或企业产生兴趣的，这需要销售员在最短时间之内找到客户感兴趣的话题，然后再伺机引出自己的销售目的。其实，很多成功的销售员都是善于说服客户的天才，能言善辩是销售员取得成功的前提条件。可以说，一个不善于说服客户的销售员，他的一切就无从谈起。既然说服力这么重要，那么，销售员就要尽可能地使自己的说服成功。当然，要想自己成功地说服别人，就需要掌握说服的技巧。所谓说服，关键就是找到共同语言，如果没有共同语言如何交流呢？

据说，要劝嗜酒如命的人戒酒，最有效的说服方法是具有相同痛苦经历的人的劝说。因为伙伴意识能够削弱他们的戒备心理，创造虚心听取意见的气氛。有经验的销售员一进入客户家中，总会立刻找到共同话题。人们与初次见面的人交谈时，常常会问："哪个学校毕业的？""你是哪里人？"等，这就是在寻找与对方的共同点。当你知道对方的出生地后，就可以说："哦！两年前我曾去过"，这样一来，你们之间马上就会产生一种亲切感，心理的距离会大为缩短。每个人大概都有这样的体会，如果知道对方与自己是校友，即使是初次见面，也会觉得很亲切，并能轻松愉快地交谈。

爱德华·查利弗先生曾为了让一名童军参加在欧洲举办的世界童军大会，而需筹措一笔经费，于是他亲自前往当时美国一家非常有名的大公司，拜会其董事长，希望其能够解囊相助。

爱德华·查利弗在拜访他之前，就听说他曾开过一张面额100万美金的支票，后来那张支票作废了，他还特地将之装裱起来，挂在墙上以做纪念。因此，当爱德华·查利弗一踏进他的办公室之后，立即针对此事，要求参观一下这张装裱起来的支票。爱德华·查利弗告诉那位董事长说，自己从未见过任何人开过如此巨额的支票，很想见识见识，好回去说给小童军听。

那位董事长毫不犹豫地就答应了，并将当时开那张支票的情形，详细地解说给查利弗听。查利弗先生并没有在一开始就提起童军的事，更没提到筹措经费的事，他提到的只是一些他感兴趣的事，最终的结果呢？说完他那张支票的故事，未等查利弗提及，那位董事长就主动问他今天是为了什么事而来，他这才一五一十地将来意说明。出乎他的意料，那位董事长非常爽快地答应了爱德华的要求，而且还答应赞助5个童军去参加该童军大会，并且要亲自带队参加，负责他们的全部开销，另外还亲笔写了一封推荐函，要求他在欧洲分公司的主管，提供他们所需的一切服务。最终查利弗先生满载而归。

由此可见，销售员在说服客户之前，最好是先找到共同的话题，拉近与客户之间的距离，这样事情就好办多了。其实，从某种意义上来说，在与客户的交际过程中，最大的难关就是怎样找到对方感兴趣的话题。如果你说话的技巧到位，你的说服也会获得成功，同时事情也就好办了。

对于客户十分感兴趣的话题，销售员可以通过巧妙的询问和认真的观察与分析进行了解，然后引入共同话题。因此，在与客户进行销售沟通之前，销售员十分有必要花费一定的时间和精力对客户的特殊喜好和品位等进行研究，这样在沟通过程中才能有的放矢。

某公司的汽车销售员赵峰在一次大型汽车展示会上结识了一位潜

在客户。通过对潜在客户言行举止的观察，赵峰分析这位客户对越野型汽车十分感兴趣，而且其品位极高。虽然赵峰将本公司的产品手册交到了客户手中，可是这位潜在客户一直没给赵峰任何回复，赵峰曾经有两次试着打电话联系，客户都说自己工作很忙，周末则要和朋友一起到郊外的射击场射击。

后来又经过多方打听，赵峰得知这位客户酷爱射击。于是，赵峰上网查找了大量有关射击的资料，一个星期之后，赵峰不仅对周边地区所有著名的射击场了解得十分深入，而且还掌握了一些射击的基本功。再一次打电话时，赵峰对销售汽车的事情只字不提，只是告诉客户自己"无意中发现了一家设施特别齐全、环境十分优美的射击场"。下一个周末，赵峰很顺利地在那家射击场见到了客户。赵峰对射击知识的了解让那位客户迅速对其刮目相看，他大叹自己找到了知音。在返回市里的路上，客户主动表示自己喜欢驾驶装饰豪华的越野型汽车，赵峰告诉客户："我们公司正好刚刚上市一款新型豪华型越野汽车，这是目前市场上最有个性和最能体现品位的汽车……"一场有着良好开端的销售沟通就这样形成了。

在寻找客户感兴趣的话题时，销售员要特别注意一点：要想使客户对某种话题感兴趣，你最好对这种话题同样感兴趣。因为整个沟通过程必须是互动的，否则就无法实现具体的销售目标。如果只有客户一方对某种话题感兴趣，而你却表现得兴味索然，或者内心排斥却故意表现出喜欢的样子，那客户的谈话热情和积极性马上就会被冷却，这是很难达到良好沟通效果的。所以，销售员应该在平时多培养一些兴趣，多积累一些各方面的知识，至少应该培养一些比较符合大众口味的兴趣，比如体育运动和一些积极的娱乐方式等。这样，等到与客户沟通时就不至于捉襟见肘，也不至于使客户感到与你的沟通寡淡无味了。

3. 多给客户一些优越感

根据成功销售员的经验，每个客户都重视自己，喜欢谈论自己。可以说，销售员在说服顾客购买产品的时候，千万不要自吹自擂。法国一位哲学家曾说过："如果你想树立敌人，只要处处压过他、超越他就行了。但是，如果你想赢得朋友，你就必须让朋友超越你。"这是什么道理呢？当客户处于优势地位时，销售员可以给他一种优越感。

在社交礼仪中，最自私的一个字就是我，销售员在说服客户时要尽量避开它。如果说太多的"我"，则会给客户留下骄傲自大的印象。所以，当销售员说服客户时，应谦虚地对待周围的人、事、物，鼓励别人畅谈他们的成就，而不是自己在喋喋不休地自吹自擂。当然，有很多人都喜欢自我陶醉，自我炫耀。有一点小成绩或小胜利便沾沾自喜，大肆宣扬，其实，这是毫无可取之处的。居功自诩的人往往是最让客户厌恶，最不讨客户喜欢的，同时也会是一个失败的销售员，居功而不自夸，才是一种正确的销售方法。

一名成功的销售员认为：自我炫耀是销售中的一个致命缺点，因为没有客户会坐下来听你胡吹乱侃你所谓的荣耀。

有一位喜欢自吹自擂的销售员。这位销售员一到客户面前就宣称自己拥有巨大的根基和事业。可吹嘘很快就被打破了，据熟悉他的客户说，他只不过是大公司里一个小职员罢了。为了出人头地、引人注目而大肆炫耀，其实他一无所有。

因此，我们告诫销售员们切勿吹嘘，自吹自擂毫无可取之处。在销售过程中，一些自夸的话千万不要挂在嘴边，例如："我们公司的产品，比你正在使用那家公司的产品强多了！""不是我说，就没有哪个公司的产品超过我们公司的！"这种话你每说一遍，你的形象便会在别人心目中下降几分，若常常挂在嘴边，那你的形象肯定一落千丈。随便对客户大吹大擂，而且自己认为是吹得天衣无缝，其实，内行或聪明的客户一眼便会看穿这种游戏，他们便会嗤之以鼻。

在销售过程中，销售员如果只顾自己一个劲地说产品如何如何的好，而不学会使用倾听的话，他无法了解客户，只说三分之一的话，把三分之二的话留给客户，然后倾听。倾听使销售员能了解客户对产品的各种顾虑、障碍等。只有当你真实地了解了他人，你的销售沟通才能有效率。

每一个人都喜欢自己说，而不喜欢听人家说，常常在没有完全了解别人的情况下，对别人盲目下判断，而造成沟通的障碍、困难，甚至冲突和矛盾。人们往往对自己的事更感兴趣，对自己的问题更关注，喜欢自我表现。一旦有人专心倾听我们谈论我们自己时，就会感受自己被重视。人们都希望别人重视自己、关心自己，如果希望客户的看法与你一致，达到说服的目标，别忘了给客户说话的机会，使之能畅所欲言，充分地表达出自己的心声。

4. 以温厚对待客户

话语最能反映出一个人的素质如何，有些人常因言多而伤害他人。话语伤人胜于刀伤，因为刀伤易痊，舌伤难愈。与客户谈话目的在于做成生意，在这一过程当中，一定要避免因说话不当而使主客关系变得紧张，所以，销售员说话前应该先为听者想一想，不要话语伤人，俗语说："恶语伤人六月寒，好言一语暖三春"。

话语在有的时候非常的重要，说不准哪一句话说得不对，或是让客户听着刺耳，就得罪了客户，所以销售员在与客户交谈的时候也就需要研究一种说话的艺术。以前看过这样一个故事：

在一辆公交车上，前排座有两位乘客在谈话。一个人说："昨天看了一部《孤儿的春天》演得实在很好。""有什么好？"第二个人质问。"剧情实在不错，对改良社会风气见解独到。"第一个人说。"有什么见解？"第二个人仍然用那种语调说话。"还用问吗？它不是指出不良少年都是被迫走上歧路的吗？"说这句话的时候，第一个人似乎有点不悦了。"这算是什么独到见解？"第二个依然用质问语气说。

因此可以看出，这两位乘客的交谈充满了火药味，气氛很尴尬，毛病出在第二个乘客用质问的语气谈话，是最伤感情的。像现在有些销售员与客户发生矛盾，都是由于销售员喜欢以质问式的态度来与客户谈话所致。就像是刚才我们看到的那两位乘客，如果第二个乘客改变他的态度，结果可能就会完全不同。比如他对第一个人提出的《孤儿的春天》的意见不认同时，他可以坦白说出他的见解，而不必用质问的方式。

可以说，习惯质问客户的销售员，多半胸襟狭窄，好吹毛求疵、与人为难或性情怪僻、自大好胜，所以谈话细节把他的人品暴露出来。其实，除了不得已的场合，如法庭辩论过程中之外，其他场合的质问都是大可不必的。如果觉得客户有些地方说得不对，不妨立刻表达自己的意见，何必一定要先来个质问，使客户难堪呢？同样，也有些销售员爱用质问的语气来纠正客户的错误："昨天我想是今年以来最酷热的一天了。""你怎会知道？"在有的时候，客户虽然说错了，你也没有必要以质问的方式让其感到难堪。你既知道昨天热度不过34℃，而前天却达到35℃，那么，你说出来好了。先质问，后解释，犹如先向客户打了一拳，然后再向他解释为何打他一拳，足以破坏双方的情感。被质问的客户往往会被弄得很尴尬，自尊心受到很大的打击，如果客户是个脾气不好的人，必致恼羞成怒，而激起剧烈的争辩。

销售员的虚心、诚实、坦白和尊敬客户，是面谈成功的必备条件，为难客户一下子，借以逞一时之快，于人于己皆无好处。你不愿别人损害你的自尊，你也不可损伤他人的自尊心。对自己的客户，如果有什么不妥之处，可以询问原因，可以向他们解释，但方法、态度要真诚大方，质问是不适宜的。如果想让客户心悦诚服，越是在意见分歧的时候，越不可用质问的方法，当客户被质问所迫时，在气势上他处于下锋，但他必定会抱恨在心。虽然，在双方的笑谑中，偶然以质问的语气开玩笑是可以的，可是不要常常用，以免成了习惯。所以，时刻都要提防着，倘若销售员爱用质问的态度向客户进攻，而又被客户以更大的理由压倒时，将会损失客户，以温厚对待客户就是为自己留有余地，不侵害客户，就是护卫自己。

5. 对客户说明利害

无论是在单位里还是在社会上，大家都很关心自己的利益，因为人们毕竟生活在一个很现实的社会里，虽不能说"人为财死，鸟为食亡"，但要生存就离不开各种的利益。所以，当销售员想要说服客户购买产品的时候，应当告诉客户这样做有什么好处，不这样做则会带来什么样的不利后果，任何一个客户都会为之所动。

想要说服一个客户购买产品，就应该让其知道这件产品的小利大害，这样更能取得其信任。想说服一个人不要做某件事，也可能采用"利而害之"的策略。我们来看这样一个例子：

一个老人在退休后买了一间简陋的房子。不久，有几个孩子开始时不时在附近踢垃圾桶闹着玩。老人年纪大了，受不了这种噪音，于是打算出去说服这几个孩子。说公德当然是没有用的，恐吓告知其父母也不会成功，于是他说："你们这样玩得很高兴，我看着也很喜欢。如果你们每天都来踢垃圾桶，我会每天给你们一人一块钱。"几个孩子很高兴，更加卖力地表演自己的足下功夫了。三天后，老人忧愁地说："通货膨胀减少了我的收入，从明天起，每个人只能给你们五角钱了。"几个孩子显然是有些不开心了，但还是接受了老人的条件。一周后，老人又对他们说："最近没有收到养老金支票，对不起，只能每天给你们两毛钱了。"一个孩子脸色发青："两毛？我们才不会为了区区两毛钱浪费宝贵的时间在这里表演呢，不干了！"从那以后，老人终于过上了安静的日子。

几个孩子没事踢垃圾桶，是因为他们高兴这样玩，这是他们游戏的兴趣，是受他们所控制的，如果直接去叫他们不要再踢，他们根本也不会听，而老人以钱财作饵，在他们心中建立因为钱财之利而踢垃圾桶的思想，从而使他们由追求可控的兴趣转化为不可控的"利"，所以，当老人停止给"利"时，他们就因为没有"利"，不愿意再去做了。

销售员在说服客户时，言明利害有四大特性，第一是针对性，即所说的利害是销售员心中的利害，而不是每个人心中自我倾向的利害；第二是可信性，也就是顾客对销售员所言利害的相信程度；第三是不可控性，即该利害至少是销售员无法控制的利害，当然，一般情况下，陈述利害是由说服者所掌握的；第四就是差别性，即小利大利，小害大害的差别。如果利害没有针对性，对他人来说也不会起到任何作用；利害若无可信性，那么大家会怀疑甚至不相信，对对方也不起作用；如果利害能控制的话，顾客何必要听从销售员呢？利害的差别，对被说服者来说，大利当前，小利显得不再重要；在大害对比之下，小害显得十分有吸引力，所以利害才容易攻心。必有利差，其差越大，说服力就越大。

销售员说服客户的关键，就是攻心的计谋。"因敌制胜，应形于无穷"是说服中最高的攻心法，也就是说，围绕着客户的心而谈，说以无穷的利害变化，客户认为销售员是在替其着想，而且销售员的想法能给他带来很多利，他就会听从销售员的建议，在不知不觉中，就容易受销售员影响从而接受其所说的话。

6. 任何时候都不与客户争论

在与客户的面谈中，会出现很多的分歧，在面对这些分歧时候，销售员的选择，是思维习惯的一种表现。所以，当客户与销售员意见相左时，销售员不应该抱着与他们争论到底的心态去说服他们。说服是一个讨论的过程，在愉快而和谐的过程谈话过程中，让客户心甘情愿地接受销售员的意见。

不要试图以争论的方式去压制你认为不正确的意见，因为这恰恰说明你自己受到了这些意见的压制，说服客户应该就事论事。讨论的双方都要明白讨论的是一件事情，而不是讨论者本身。对事物存在不同意见，不应形成对个人感情的冲击。

作为一个销售员，要想提高自己的销售业绩，就要充分考虑中国人的"面子"问题，在销售产品时，注意给客户留"面子"，尊重客户的意见。客户的意见无论是对是错，是深刻还是幼稚，销售员都不能表现出轻视的样子，也不要语气生硬地对客户说："你错了""这么简单的问题你都不懂""你没搞懂我说的意思，我是说……"这些说法明显地抬高了自己，贬低了客户，会挫伤客户的自尊心。客户心里不高兴了，你说的话再有道理，对方也听不进去，这样一来，销售也就没必要进行下去了，就算继续下去，也不可能得到客户的认同，产品也不可能销售出去……

而有些销售员往往都很喜欢争论，特别是在聊天的时候，不论大事小事，为了说服对方，都喜欢争辩一番。懂一点文学的销售员更不用说了，特别是爱好思想与哲学的，更喜欢争论得不可开交。从某种意义上说，争论是人的一种天性。因为人的思想、认识是不同的，思想不同，其中一方为了说服另一方，就会争论，而这也正是人们认识的一个误区。一部分人喜欢显示自己的聪明，在争论中击败对方，就是一种难得的精神享受，他们本能地喜欢争论，这也是很多销售员不能成功说服客户的一个原因。

人们在生活中，多会遵循感觉本能行事，争论带来的结果却是很少有人考虑的，争论所带来的快感盖过了一切，但争论真正达到说服的目的了吗？英国著名的哲学家罗素是个争强好辩的人，他因此失去了不少朋友，这使他常感懊悔。他有一位朋友是维特根斯坦，罗素对《逻辑哲学论》一书后半部分表现出来的神秘主义不能理解，于是就与维特根斯坦展开了讨论，最后，维特根斯坦严肃地对罗素说："我们以后再也不要在一块讨论了。"喜欢争论的结果，就是造成双方的不快。谁也不考虑对方，只争一时的快意，是否比拥有一位朋友的友情的价值更大？是否就真的达到说服对方的目的了？

对于销售员来说，说服客户应进行讨论而非争论，用和谐的方式更能让客户信服其的观点；而与客户争论，就会让他们从心理上产生一种敌意，无论销售员怎样说，客户心底都会有抵触情绪，在这种情况下，想要说服客户是很难的。但在销售过程中，有时避免争论也是不现实的，因为销售员可能遇上蛮横的、喜欢争辩的客户，这时，该怎样做才好呢？很简单，这样的客户素质一般是较低的，销售员回避也没有用处，应该拿出有力证据，用擅长的方法击败客户。既然有了这个结论，遇到那样的顾客，销售员就不妨争辩个痛快，在争辩中"大开杀戒"，打得对方落花流水、哑口无言。但前提是，销售员必须有这个能耐，如果没有这个能耐的话，就不要试图通过争论说服客户。

大多数情况下，争论的结果会是两败俱伤。伤人的是销售员的态度，因此，只要不是关乎销售，还是不要轻易使用争论这一利器。有一位成功的销售员说，我说服客户时不喜欢争论，因为这会使话题离开理智的讨论。是的，说服本身就是一种讨论，千万不要把讨论与争论当作一回事，它们的概念是完全不同的。讨论能使人平心静气地分析问题，不会意气用事。讨论中有宽容，有自我否定；宽容对方的错误和偏见，否定自己的错误和偏见，同时把自己的不同见解表达出来，就更能让客户接受。讨论的最高法则是求同存异，这使双方都能相互包容。当然，讨论更是一种艺术，如果客户出现明显的错误，销售员应理性地加以分析，不能穷追不舍，而应见好就收。因为客户是一个人，有情感诉求，有时候，客户表面上不肯认错，接受销售员的观点，不是意识不到错误，而是放不下脸面。在讨论中，不能以彼此承认错误的方式结束讨论，而应在讨论中增进彼此的理解和友谊。

与客户讨论可以固守己见、互不相让，但彼此之间都应本着尊重对方人格的态度，在尊重真理的基础上讨论。为了不让自己的个人意见和私利左右讨论时的对错，应该采取双方商榷的方式和说理的态度，还要对事不对人。说服客户时，出言不逊、得理不饶人是绝对不可取的态度。

销售员要在说服中既不违心听从客户的建议，又能从善疏导，这是销售员应具备的素质。争论，并不能让人得到最满意的结果，稍微让步其收获会比预期多，这个让步，并不是让销售员接受客户的意见，而是用一种客户比较容易接受的态度，用讨论的方法说服客户。记住，讨论并非争论，想要说服客户，争论是不能达到目的的。

7. 设身处地地为客户着想

奥地利著名心理学家亚德勒在其著作《人生对你的意识》中有这样一句话："对别人不感兴趣的人，他一生中的困难最多，对别人的伤害也最大。所有人类的失败，都出自这类人。"

如果你是一位销售员，你可能正在为找不到客户而发愁。那么从现在开始不用着急，只要你对别人真心地感兴趣，在接下来的两个月内你认识的客户，会比一个要求别人对自己感兴趣的人在两年内认识的人都要多。

会说话的销售员，常常都是最善于说对方感兴趣话题的人；最会办事的销售员，也常常是那些做了让客户感激或感动的事的人。

被公认为世界魔术师中的魔术师的哲斯顿，在他活跃的那个年代，他精彩的表演能让超过六千万的观众买票进场看他的演出。他成功的秘诀是什么？很简单，就是从观众的角度出发，多为观众着想，懂得表现人性。哲斯顿对每个观众都真诚地表现出兴趣。他说："许多魔术师在看到观众时会对自己说：'坐在台下的都是一群傻子和笨蛋，我能将他们骗得团团转。'"而哲斯顿却不这样想，他每次在上台时都会对自己说："我得赶紧，因为这些人来看我的表演，是我的衣食父母，是他们让我过上舒服的日子，因此，我要将最高明的手法表演给他们看。"

说服客户也一样。如果你想让自己说出的话具有价值，能引起客户的共鸣，那么你就要记住一条黄金法则：你想客户如何对待你，你首先就要如何对待客户。你只有从关怀客户的角度出发，多为客户着想，才能赢得客户的信任和认可。

销售员罗塞尔打电话给他的客户，说："您好，杰克先生，现在我将要为您提供一项服务，是其他人无法替您设想的。""究竟是什么服务？"客户不解地问。"我可以为您供应一货车石油。""我不需要。""为什么？""因为我没有地方可以放啊！""杰克先生，如果我是您的兄弟，我会迫不及待地告诉您一句话。""什么话？""货源就快要紧缺，那时您将无法买到所需要的油料，而且价钱也要涨，我建议您现在买下这些石油。""我现在用不上，而且我也真的没地方可以放。""为什么不现在租一个仓库呢？""还是算了吧，谢谢你的好意。"

不一会儿，当罗塞尔回到办公室时，看到办公桌上放着一张留言条，上边写道："杰克先生让您回电话。"罗塞尔拨通了杰克的电话，就听见杰克在电话那头说："我已经租好了一个旧车库，能存放石油，请您将石油送过来吧！"

如果销售员能够帮助客户，为他们提供有价值的信息时，客户就不会不为你的生意着想。如果你不仅仅是一个销售员，还是对方的顾问时，他们获得了由你提供的可靠消息后，你的生意肯定不会有了这一笔后，就不再有下文了。无论任何时候，要获得对方的认同，就要先为对方着想，关心对方的利益，如此你们才能成为最佳的合作伙伴，获得利润上的双赢。

说服客户是一个传递信息的过程，要提高自己的说话水平，增添自己的说话魅力，并不完全在于说话本人能否准确、流畅地表达自己的思想，还在于你所表达的思想、信息能否为听众所接受并产生共鸣。也就是说，要将话说好，关键还在于如何拨动客户的心弦。

在销售面谈的过程中，有些销售员长篇大论甚至慷慨激昂，可就是难以提起客户的精神；而有些销售员仅仅寥寥数语，却掷地有声，产生魔力。这是为何呢？很简单，因为后者了解客户的内心需要，能设身处地地站在客户的立场，为他着想。因此他们的话总是充满真诚，也更容易打动客户。

站在客户的立场，处处为客户着想，首先就要假设自己是客户，以客户的立场思考想购买怎样的产品和服务？自己真正需要的是什么？会如何要求售后服务？这样就能让自己站在客户的立场去看待问题，公正地为客户着想。要对自己的产品有信心，了解面前的这个客户是不是需要购买这个产品。

销售员站在客户的立场上，就比较容易抓住销售的重点。事实上，大多数销售员对客户所持的态度，与我们所要求的设身处地为客户着想相比，还有很长一段距离。销售员最典型的态度往往是："对于客户为什么要购买那些产品或服务，对此一点也不感兴趣。重要的是，顾客买了产品或服务，而我则拿到了钱。"如此的心态，能够培养忠实的回头客吗？显然不能！要想取得客户的信任，关键是要让客户感受到销售员的良好态度，是否处处为客户着想，是否站在客户的立场上去看待问题，帮助客户去解决问题。在与客户交往的过程中，要特别注意的就是设身处地地为客户着想，在为客户提出任何意见和建议时，都要告诉客户这样做的好处。

一家公司想做一个10平方米的大屏幕，找到一家电器公司为他们定做。销售员经过具体测量后，告诉他们做"10平方米"不太好，只能做"8平方米"，否则视觉效果会不好。别人说这个销售员很傻，客户想做大一些还不好？做大一点就多赚钱。可这个销售员却是这样想的：如果没有说"不"，而是按照他们的要求做了"10平方米"，安装完毕后，如果他们觉得不好，我一句话就可以糊弄过去："当初是你们要做10平方米的啊。"可即使我这么为自己开脱，他们嘴上不说，心里也会觉得是我坑了他们，因为我是专业人士，应该站在他们的立场上，给他们提出中肯的建议。

为客户着想，还要站在客户的立场上，为客户考虑。不能为了自己的利益给客户带来任何困扰。要让你的客户每多花一分钱，都能获得多一分的价值。

沃尔玛公司是世界上最大的零售企业，在沃尔玛公司拥有500多亿美元的资产时，老板萨姆·沃尔顿率领的采购队伍仍然非常节俭，有时8个人住一个房间。对此，有人问萨姆："这么大的公司为什么还要这么精打细算？"萨姆回答说："答案很简单，我们有义务为顾客着想，我们珍视每1美元的价值。我们的存在是为顾客提供价值，这意味着除了提供优质服务之外，我们还必须为他们节省钱。沃尔玛公司愚蠢地浪费掉1美元，那都是出自我们顾客的钱包。每当我们为顾客节约了1美元，那就使我们自己在竞争中领先了一步——这就是我们永远打算做的。"为顾客节约1美元，在销售定价上就低了1美元，在竞争中就领先了一步。

站在客户的立场，就是设身处地为客户着想，客户没想到的，我们为他想到、做到。客户认为我们做不到的，我们却为他做到了。客户认为已经很好了，我们要更好。

设身处地为客户着想，是做到始终以客户为中心的前提，作为一名销售员，能经常换位思考是非常重要的，设身处地为客户着想就意味着站在客户的角度去思考问题、理解客户的观点、知道客户最需要的和最不想要的是什么，只有这样，才能成功地完成销售工作。

第五章
突出卖点，
让客户爱上你的产品

当销售员在面对客户时，不妨做"老实人"，有技巧地将产品的缺陷暴露出来。这种策略的应用，会为你取得客户的更多信任，从而提高成交的概率。

1. 熟悉自己的产品并成为专家

现代社会发展速度非常快，人们的素质越来越高，销售员面对的客户越来越多是受过良好教育和具有更多需求的客户。他们往往会提出苛刻的问题并要求销售员对问题提供更加精确的解决方案。而且，在讲究效率的时代，客户也希望与组织良好、见多识广，能用战略思维解决复杂需求的销售员打交道。

因此，销售员日益成为客户需求和问题的诊断师。越来越多的销售员认识到，成为产品专家与他们所销售的产品质量同等重要。

对销售员来说，你必须让客户觉得你是他们的专家、顾问，你是用产品或服务来帮客户解决问题的人，而不仅仅是销售员而已。销售的成功需要以说服客户，使他们认同该产品是能够帮助他们解决问题或能够满足他们需要的一种工具为前提，而专家、顾问这个特质在客户看来就有着一种无形的说服力。

所以，销售员必须通过不断努力，使自己成为自己销售的产品的专家，要花充分的时间了解产品或服务，彻底了解产品的每项细节及市场竞争对手。这样，销售员对所售产品的优点与缺点、优势与劣势都会非常清楚，面对客户的提问，其回答就会显得非常专业，从而更容易获得客户的信赖。

　　克拉克森·琼斯就职于卡罗来纳柏油公司，由于他有7年负责督导工作与操作重型机械设备的经历，而那段时期又使他获得了很宝贵的产品知识。因此，他与客户始终保持着极佳的关系，因为他有能力解决问题，而且总能够给出明确的答案。

　　不久后，许多客户开始绕过公司的销售人员而直接向琼斯下订单。

　　琼斯说："我是一个把事情完成，服务周到，并且知道如何帮助他们解决问题的人。客户自然而然地就被我吸引过来了。"对琼斯而言，销售人员的生活和以前完全不同。"我并不怀念以前每天在外面工作的日子。但是如果没有那段时间的实务经验，我也不会有今天的资历。"如今，琼斯的个人业绩已经超越了该公司最佳的销售人员。

　　在上面的事例中，琼斯成为一个业绩非常优秀的销售员，其中一个很重要的原因是，他的专业知识让他赢得了客户的依赖。所以，对于任何一个销售员来说，不仅应熟悉自己的产品，更为重要的是应成为产品应用专家，尤其当所销售的产品比较复杂的时候。

　　很多销售员都明白这样的道理：一名出色的销售员95%靠的是自身的热情，剩下的5%靠的就是产品知识。因此就不难得出推销员成为产品专家的意义了。销售员必须能回答客户提出的一些问题，做到毫不迟疑、准确无误地说出产品的特点，并能熟练地向客户展示产品。当然，做到这几点必须要具备专业的丰富的产品知识，才能够信心十足，对自己的产品有信心，也才能对工作产生足够的热情。很多顶尖销售员最引以为傲的并不是自己的销售业绩，而是他们在其产品或服务方面储备的丰富知识。

由此可见，熟悉本公司产品的基本特征，使自己成为产品专家，是销售员的一项基本素质，也是成为一名优秀销售员的基本条件。销售员在进行推销之前，一定要充分了解产品的一些常见的基本特征。

（1）要非常熟悉产品的名称

有些产品的名称本身就具有特殊的含义。由于这些名称就包含了产品的基本特征，并且有可能也包含了产品的特殊性能等，所以销售员必须充分了解这些内容。

（2）清楚产品的技术含量

产品的技术含量指的是产品生产过程中所采用的技术。一个产品的技术含量的多少，销售员应该了解清楚，推销时，扬长避短，引导客户认识产品。

（3）掌握产品的物理特征

产品的物理特征包括产品的规格、型号、原料、质地、外形、颜色及包装等。

（4）明白产品的效用

销售者应该清楚自己所推销的产品能够为客户带来什么样的利益，这也应该是重点研究的方向。

（5）注重品牌价值

随着客户的品牌意识不断提高，对于很多领域内的产品，客户比过去更加注重产品的品牌知名度。由此可见，品牌效应是很重要的。

（6）清楚产品的性价比

一些比较理智的消费者会着重考虑性价比这一因素，尤其是他们在购买一些价格相对比较高的产品时，这种考虑会更加深入。

（7）了解产品的特殊优势

产品的特殊优势指的是产品所蕴含的一些新功能，尤其指其他产品所无法提供的功能等。

（8）加强自身的服务意识

现在的客户越来越关注产品的售后服务了，事实上，产品的服务不仅指的是售后服务，还包含销售前的服务和销售中的服务等。

（9）全面掌握本公司的情况

作为一名销售员还要全面掌握自己公司的情况。在实际销售工作中，很多销售员可能会认为自己推销的是产品又不是公司，掌握那么多的事情有必要吗？因此，总是会忽略掉对公司相关情况的注意。事实上，大家应该换个角度来考虑，销售员相对于顾客来讲，其代表的就是公司，如果不能对有关公司的问题迅速作出明确回答，那么就会给客户留下"公司不大，没有什么名气"或"公司名声不好"等印象，自然就会对销售员的业绩和公司的名誉产生不小的影响，从而最终导致公司和销售员在利益上都受损的结果。

2. 不要过度夸耀自己的产品

在销售中，夸大产品优点是一种非常不好的销售习惯，因为最终结果总是会让销售员得不偿失。过分吹嘘往往会让客户感觉到销售员不实在，从而心生反感和不信任。哪怕产品确实有独特之处，一旦让客户感觉到销售员在吹嘘，也会放弃和其合作。

有一家医院长期以来一直采购某家药厂的产品，突然有一天，他们不再使用该药厂的产品了。原因很简单，就是因为药厂的销售员在拜访负责药品采购的客户时过分夸大了产品的优点，他对那位医生说：

"这种药丸是你们医院所有气喘病人治愈疾病的良药。"

一听此话，医生很生气，说："你倒是真敢吹牛，我院有一些病人已经使用过，一点都没效果！"

那个销售员走后，有人问医生："是不是真的完全无效？"

"也不完全如此。据其他一些医生反映，就解除症状而言，它是蛮有功效的，但是气喘是无法根治的，有太多的因素会使它发作，心理受到影响也可以成为发作的因素之一。"

"你希望那位销售员怎么说呢？"

"如果他对我说，'王大夫，在病人不知情的情况下所做的大规模实验显示，这种药物对80％的气喘患者能有效减轻症状。'我就会阅读那份报告，并增加处方量。老实说，那还算是不错的产品，但为什么他要向我无端夸大产品的优点呢？"

在向客户介绍产品的过程中，一旦被客户抓住了产品的某些缺点，往往会让销售工作变得被动起来。所以，销售员为了避免这一点，必然要为产品说好话，转移客户的注意力。这是正常的，但是，如果过度夸耀产品就不好了，这样造成的结果是：对产品市场比销售员还了解的客户会因此永远地不信任该销售员，而不知情的客户购买后发现产品达不到销售员所夸耀的程度也会出现抗拒、厌恶的情绪，甚至会因此而投诉该销售员。

因此，夸大其词的宣传并不能真正打动客户，向客户介绍产品用来促成交易的，主要是宣传产品的功能，而不仅仅是对产品做浮夸的介绍，客户更在意的是销售员的介绍是真实可靠的。

可以说，销售中销售员虽然需要"老王卖瓜，自卖自夸"，努力张扬产品的好处，但在介绍产品的实质性功能方面，一定要客观，给客户一种实事求是的感觉。所以，销售员要对自己的产品和经营状况了如指掌，清楚自己提供给对方的建议将成为对方所需要的而又不是言过其实的，并把这些用具体的数字或可信的依据清晰地摆出来，那样就容易打动客户了。

那么，销售员如何避免做夸大的介绍呢？

（1）在介绍产品时要做到客观

销售员在介绍产品时，要尽量保持简单明了，并且避免啰唆，这样可以将产品的特性突显出来，让客户更容易接受。

① "选择使用这种无油烟炒锅，不但没有油烟，而且不会糊锅。"

② "不错，虽然这款手机的价格很便宜，但是它的功能还是比较全的，不仅能够支持蓝牙、数据线，还具备扩展功能，而且其扩展功能是很强的。"

③ "这种复印机只需要扫描一次，就可以复印很多次，而且每次复印的效果同样很清晰。"

所有销售员都应该注意一个问题，即介绍的产品信息，必须真实可靠。如果其中存在一些虚假信息的话，必然会产生一些不利的影响。

（2）在介绍产品时要做到扬长避短

任何一个产品，都存在好的一面和不足的一面。作为销售员就应该站在客观的角度上，与客户分析产品的优势在哪里，然而对于产品存在的一些缺点，可以回避，但不是一味去欺瞒客户。

（3）在介绍产品时要着重于益处

当客户购买产品时，必然是因为其认为此产品的价值大于价格。一般来说，客户都希望产品具有以下功能：

①能够带来更多的收益。

②能够节省更多的时间和精力。

③能作为提高其身份和地位的象征。

④能够满足其健康和安全的需求。

⑤能成为一种时尚和品位的体现。

因此，当销售员向客户介绍产品时，仅说明和示范产品的使用是不够的，还要从具体情况出发，根据客户的实际需要，找出其最关心的问题，然后以产品中可以满足这一需求的优势为手段，向客户发出猛烈"攻击"，这样自然就能促成交易。尤其是，客户一旦觉得产品的某一些优势正是其所需要的，即使明明知道产品本身存在一些缺陷，也会欣然接受。

3. 察言观色，找到客户的"关注点"

在销售中，很多销售员总是执着地强调自己产品的优异、价格的低廉和服务的完善，因此而陷入一种误区，那就是忽视了客户真正的"关注点"。所以，优秀的销售员一定要比一般人更懂得察言观色，才能够抓住不同客户的购物心理，从而达到成功销售的目的。

小张是一家服装店的销售员，这天，服装店来了三位客户，是一位老太太领着一对青年男女。小张热情地迎了上去："你们要买些什么呀？"

"买条裤子。"老太太接着回头对这对青年男女说，"这里货多，你们仔细看看，有没有称心的。"

小张心想，原来是婆婆带着未来儿媳妇来买裤子，于是指着货架上各种各样的裤子说："这些都是今年流行的款式，相中哪一款，可以取下来试一试。"但见三个人都默不作声地抬起头。小张这时发现，老太太的目光总是停留在四十多元一条的裤子上，而姑娘却目不转睛地盯住八十多元一条的裤子。男青年的眼睛一会儿看看老太太，一会儿看看姑娘，满脸左右为难的神色。

看到这里，小张心里有了数，她先对老太太说："这种四十多元钱的裤子，虽然价格便宜，经济实惠，但都是用混纺面料做成的，一般穿穿还可以，如果要求高一些恐怕就不能使人满意了。"接着，她又对姑娘说："这种八十多元一条的裤子，虽然样式新颖，但颜色比较深，年轻姑娘穿恐怕老气了点，不太合适。"

说着，小张取出一条六十多元的裤子说："这种裤子式样新颖，质量也不错，而且这个颜色是今年的流行色，许多人竞相购买，现在只剩下这几条了，您不妨试穿一下。"

一席话，使得气氛顿时活跃起来，老太太眉开眼笑，姑娘喜形于色，男青年转忧为喜。姑娘试穿后，也十分满意，老太太高高兴兴地付了钱。

所以在介绍产品时，销售员不仅要知道产品的优点，更要知道客户的关注点。只有根据客户的关注点来确定介绍的侧重点，也就是按照客户、用户的利益关注点来介绍产品，才能达到推销的目的。

有一位房地产销售员带一对夫妻去看一栋老房子。当这对夫妻进入院子时，太太发现后院有一棵非常漂亮的樱桃树。销售员注意到这位太太压低嗓门很兴奋地对她丈夫说："你看，院里的这棵樱桃树真漂亮，我早就想在我们的院子里种上这么一棵樱桃树了！"

当这对夫妻进入房子的客厅时，他们显然对这间客厅陈旧的装修有些不太满意。这时，销售员就对他们说："是啊，客厅的装潢是有些陈旧，但你们知道吗，这栋房子最大的优点就是当你从客厅向窗外望去时，可以看到那棵非常漂亮的樱桃树。"当这对夫妻走到厨房时，太太抱怨厨房的设备陈旧，而销售员接着又说："当你在做晚餐的时候，从厨房向窗外望去，你就可以看到那棵美丽的樱桃树了。"

不论这对夫妻指出这栋房子的任何缺点，这个销售员都一直重复说："是啊，这栋房子是有些缺点，但这房子有一个特点是其他房子所没有的，那就是您从任何一个房间的窗户向外望去，都可以看到那棵非常美丽的樱桃树。"

这位销售员在整个销售过程中，一直不断强调院子里那棵美丽的樱桃树，他把这对夫妻的所有异议都通过那棵樱桃树化解了，将夫妻的全部注意力都集中在那棵美丽的樱桃树上，当然这对夫妻最后花了50万元买了那棵樱桃树。这就是著名的"樱桃树成交法"的起源，这个故事是成功地把握住了客户最看中的产品特点，不断加以夸大，并用它来化解客户所有的异议，使得客户觉得有了这个特点后，其他的问题就不足为道了。

那么"樱桃树"到底指的是什么呢？其实就是指客户所喜欢的特点。

请注意：一是客户喜欢的，销售员认为的优点不算；二是特点，或许是销售员认为的优点，也可能是销售员认为的缺点，千万不要自己理所当然地认为，而要是客户认为。

销售员在使用"樱桃树成交法"时，要注意以下几点：

（1）首先列出产品的诸多优点，在销售前烂熟于心

因为销售员不知道客户到底最喜欢什么，如推销房子时，销售员以为客户喜欢客厅大，或者是交通方便，而客户可能更喜欢阳光充足。

（2）要注意观察，随时捕捉客户透露出来的信息

销售员不仅仅要观察客户的对话，也要观察客户的肢体语言，哪怕是一个皱眉、一个不易觉察的微笑，都有可能成为有用的信息。

（3）"樱桃树"可能只是特点

"樱桃树"有可能是一件东西，也有可能只是一个特点，甚至可能是销售员认为的缺点。

（4）帮助客户发现其"樱桃树"

在没有发现客户偏好的时候，可以根据经验进行推断，帮助客户找到自己都没发现的"樱桃树"。

4. 对自己的产品充满信心

推销本来就是一种将心比心的工作，对销售员来说，信心是保证推销成功的必备素质。作为一名销售员，不仅要对自己的能力树立信心，还

要对自己的产品和公司树立信心。试想一下，如果一名销售员对自己的产品和对客户提供的服务都没有信心的话，那又怎么能让客户产生购买信心呢？

马明是一名优秀的空调销售员，他不仅思维敏捷、口才过人，而且在洞悉客户的心理方面也是很有经验。尽管如此，在一次推销中，他还是"败走麦城"了。

6月份，在国华大卖场举办的空调推销活动中，他那热情洋溢的介绍，引来了众人的围观，现场气氛也是非常活跃，听过他的介绍后已经有几名客户下了订单。这时，他的一个朋友来了，问他："小张，既然你认为这种空调如此的好，那你家为什么没有用呢？"

马明想了想说："每一名销售员未必都是用自己推销的产品，这是两码事的，怎么能混为一谈呢？我们公司的空调是非常好的，但是由于我个人的爱好，因此我一直想拥有一台三菱空调。但是又由于我个人经济状况的限制，因此只能过一段时间再买了。"

听马明这么一说，原来已经决定购买的客户都改变了主意。他们说："既然你都不相信自己的产品，我们又怎么能相信呢？"

受这件事的影响，他吸取了教训，不久就从自己公司买了一台空调。并且，在日后的推销过程中，他都会很自然地将自己使用空调的好处告诉客户，而客户纷纷来买他的空调。自此，马明的销售业绩不断提高。

在实际销售工作中，很多销售员在听到客户反映产品的一些缺点时，自己也会容易受到传染，马上就抱怨起公司产品质量不好，并且在完不成销售任务时，以产品质量问题为借口。但是，不知道你分析过没有，无论哪一家公司的任何一种产品都或多或少的存在一些问题，那为什么还有销售员可以将产品卖出去，并且卖得非常好呢？

这就说明了一个问题，即销售业绩的好坏在很大程度上取决于销售员的主观条件，所以，销售员首先要对自己推销的产品充满信心，让客户从销售员对产品自信的介绍中建立起信心。

那么，销售员如何才能树立对产品的信心呢？

（1）要选择好的产品

成功的销售，依赖于一个好的产品。销售员在从事推销工作之前，要对所推销的产品和公司有所选择，要选择有市场前景的产品和有实力的公司。如果一个产品无法为客户提供利益与价值的话，即使是世界上最优秀的销售员也无能为力。相信这位销售员也无法持续销售该产品。只有选择质量合格、功能优良的产品才能为销售员提高销售业绩，进而带来丰厚的收入。

（2）要热爱产品

客户几乎无法拒绝真正热爱自己产品的推销员，对工作的热爱是推销员成就事业的前提。而且，如果销售员能够购买和使用自己推销的产品，这在无形之中就会增加客户对产品的信心和依赖。

曾有一个推销儿童玩具的销售员一直为自己低迷的业绩感到苦恼。有一次他和朋友聊起自己的苦恼时，朋友问他："你对这些玩具都了解吗？

你给自己的孩子买过吗？你自己孩子在玩的时候的那种快乐你能感受到吗？"朋友的这番话让他恍然大悟，原来他一直没有让自己的孩子玩这种玩具，所以在向客户介绍产品时，总是泛泛而谈，没有说服力。于是，这名销售员立刻购买了这种玩具给自己的孩子玩，在孩子玩的同时，他对自己的产品有了进一步的了解。他从孩子快乐的表情上更多地看到了产品的闪光点。不久，他的销售业绩大有起色。

（3）要让自己的心情平静下来

有些销售员总是担心自己如果完不成销售任务怎么办？如果客户百般拒绝怎么办？越是这么想，在沟通过程中就越是容易出现问题。因为，在你怀着这种心情的时候，也把自己的这种情绪传递到了客户那里，而客户怎么会对一个怀有紧张情绪的销售员所推销的产品产生兴趣呢？

（4）要多运用激励人心的语言

当销售员与客户进行交谈的时候，最好不要用那些带有消极和负面意义的词语进行介绍，而是应该想办法把自己的语言转化为激励客户的信号。

比如，当客户表示某种玩具价格有些过高时，该玩具的销售员可以说"现在正规厂家生产的儿童玩具的价格都比较高，不过质量非常有保障，而且这类玩具对培养儿童的思维有很大帮助。"然而，就这么简单的一句话，或许就能促使客户开心地购买此玩具。

5. 用数据打消客户的疑虑

在销售过程中,销售员经常遇到这样的问题:为什么我已经把产品的基本信息传递给了客户,客户却迟迟不给我消息?我的信息没有丝毫的虚假和夸张,客户为什么对我的产品不感兴趣?面对这样的疑虑,别说销售员很困惑,就是让客户说说不感兴趣的原因,恐怕都很难说出个一二。这个时候就需要销售员用一组数据说明产品,才能够打消客户的疑虑,增加客户对产品的信心。

美国著名人际关系学大师卡耐基的一次经历,也可以作为事例。他是这样请求一家旅馆经理打消增加租金念头的:

卡耐基每季度均要花费1000美元,在纽约的某家大旅馆租用大礼堂20个晚上,用以讲授社交训练课程。

有一个季度,卡耐基刚开始授课时,忽然接到通知,要他付比原来多3倍的租金。而收到这个消息之前,入场券已经印好,并且早已发出去了,其他准备开课的事宜都已办妥……经过仔细考虑,两天以后,卡耐基去找经理。

卡耐基对经理说:"我接到你们的通知时,有点震惊。不过这不怪你。假如我处在你的位置,或许也会写出同样的通知。你是这家旅馆的经理，你的责任是让旅馆尽可能多地盈利。你不这么做的话，你的经理职位就难保住。假如你坚持要增加租金，那么让我们来合计一下，这样对你有利还是不利。"

"先讲有利的一面。"卡耐基说，"大礼堂不出租给我讲课而是出租给办舞会、晚会，那你可以获得丰厚的利润。因为举行这类活动的时间不长，每天一次，每次可以获得200美元，20晚就是4000美元，哦！租给我，显然你吃大亏了。"

"现在，来考虑一下'不利'的一面。首先，你增加我的租金，也就降低了收入。因为实际上等于你把我撵跑了。由于我付不起你所要的租金，我势必再找别的地方举办训练班。"

"还有一件对你不利的事。这个训练班将吸引成千上万的有文化、受过教育的中上层管理人员到你的旅馆来听课，对你来说，这难道不是不花钱的广告吗？事实上，假如你花5000美元在报纸上登广告，你也不可能邀请到这么多人亲自到你的旅馆来参观，可我的训练班给你邀请来了。这难道不合算吗？请仔细考虑后再答复我。"讲完后，卡耐基告辞了。当然，最后经理让步了。

卡耐基之所以获得了成功，是因为他站在经理的角度上想问题，把增加租金与保持租金的好处用数字一个个清楚地表达了出来。

目前，越来越多的商家已经注意到用数据说话的重要性，所以在广告宣传中，很多商家都运用数据来说话。比如：

"科学证明，我们的电池能待机15天。"

"我们的洗衣粉能去除99％的污渍。"

"我们已经对全国超过1000名的使用者进行了连续1个月的跟踪调查，没有出现任何的质量问题。"

在客户看来，口说无凭的介绍是起不到任何作用的，也不能刺激他们的购买欲望。现在人们对产品的要求越来越高，当然也不仅仅局限在销售员的空口无凭，但是当销售员用数据来展现产品优势时，就很有说服力了。

虽然用数据来说服客户和很多销售技巧一样，可以增强产品的可信度，但是如果使用不当，同样会造成极为不利的后果。如果单纯地罗列数据，不仅达不到预期的效果，而且还会令客户感到眼花缭乱，感觉销售员的介绍非常单调，有时还会让客户产生销售员故意卖弄的想法。这就如同人们说话时运用修饰语一样，恰如其分的修饰语可以使表达更加形象生动，但是，如果张口闭口都是华丽的辞藻，就会给人们留下华而不实、故意卖弄学问的印象。

要想让数据说明具有更强劲的说服力，销售人员首先要挑选合适的时机。比如当客户对产品的质量提出质疑时，可以用精确的数据来证明产品的优秀质量。同时，销售人员还要注意适度运用数据，要懂得适可而止，不要随意滥用。

销售人员还要注意的是，有很多相关数据是随着时间和环境的改变而不断发生变化的，比如产品的使用年限和具体的销售数据等。所以销售员必须及时把握数据的更新和变化，力求提供给客户最准确、最可靠的信息。

销售员在运用精确数据说明问题、企图让数据更有说服力的时候，有下列几点能够参考。

（1）保证数据的真实性和准确性

销售员运用精确数据介绍产品的目的就是要增强客户对产品的信赖，如果使用的数据本身不够真实和准确，就会失去其原本意义。况且，一旦客户发现这些数据是虚假或错误的，他们就有充分的理由认为销售人员及其所代表的企业在欺骗和愚弄消费者。这种印象一旦产生，会迅速地给销售人员及企业带来极为不利的影响。

（2）权威机构证明产品

权威机构已经在客户的心里留下了值得依赖的印象，因此用权威机构来证明产品更有影响力。因为权威机构是某一领域的具有威信的部门，做出的证明或承诺是经得起考验的。如果客户对产品的质量或其他问题存有疑虑，销售人员可以利用这种方式来打消客户的疑虑。比如：

"本产品经过××协会的严格认证，在经过了连续×个月的调查之后，××协会证明本产品是完全经得起市场检验的。"

（3）名人效应也能说明问题

销售人员总希望自己的产品能够给客户留下很深刻的印象，在列举了大量的数据后，销售人员可以借助那些影响力较大的人物或事件来增加客户对产品的信任度。

6. 把"卖点"充分地展现出来

在与客户的沟通中，销售员需要把自己的产品优势充分地展现出来，这样有利于打动客户。但销售员首先需要弄清楚，哪些是产品特征，哪些是产品的益处。

一般来讲，产品的特征就是指产品的特点的征象、标志，如产品的功能特点和具体构成；而产品的益处指的是产品对客户的价值。在介绍产品时，要把产品的特征转化为产品的益处，如果不能针对客户的具体需求说出产品的利益，客户就不会对产品产生深刻的印象，更不会被说服购买。而针对客户的需求强化产品的益处，客户就会对这种特征产生深刻的印象，从而被说服购买。

"的确，这个产品的牌子不太响亮，但它的优点却是最适合你的。它的待机时间长，而且价格也比同类产品便宜得多，何乐而不为呢？"一位手机销售员如是说。

"价格是高了点，但它的性能是卓越而人性化的，有了它，您就会有一个舒适的夏天。"一个空调销售员对顾客说。

"我们的产品和服务是众所周知的，优异的性能再加上优异的服务，您使用起来就会更方便舒适。"

在上面的销售语言中，销售员的说辞都具有较好的说服力。他们能够抓住产品的特点，突出产品的长处，淡化产品的弱势。销售员在向客户介绍产品时，如果不能用产品的价值和优势打动客户，在接下来的工作中就会非常被动。因此，介绍产品要扬长避短，针对客户的需求点中的关键部分来介绍产品的功能，以此来赢得销售上的成功。

（1）卖点的提炼

①以品质作为卖点。对客户来说，那些拥有卓越品质的商品，才是他们需要和购买的商品，因此销售员要充分理解商品品质的重要性。并且，商品的卓越品质是最好的营销点，也是最具说服力的营销手段，而没有品质保证的商品只能是昙花一现。

卖价达十多元一对的金霸王电池就是以品质作为卖点，并在上面做足了文章的。厂家在各种广告片中总是宣传金霸王电池的"耐力第一"，给人们造成了一种其品质最好的强烈印象，从而为人们不惜高价来购买它创造了极佳的消费理由。

②以服务为卖点。在当今的商业活动中，服务正成为令消费者是否满意的一个重要因素。如果客户得不到所期望的或更好的服务，那么其可能就不会是回头客了。

"世界上没有十全十美的产品，但可以有百分之百满意的服务"海尔人的这一星级服务观点可以作为服务卖点的指南。

总而言之，销售员在为客户介绍时，就要体现出自己产品完善的售后服务。

③以技术为卖点。直白地说，所谓技术卖点就是"卖技术"或是"卖工艺"，就是在新产品的技术先进性上寻找产品的卖点，并提炼出差异化

的概念。

商务通是通过海量的资料存储和快捷的查询，突出"科技让你更轻松"这一技术卖点。海尔的"计时洗"热水器，运用新工艺解决了客户在使用热水器洗浴时不能掌握热水量的烦恼，以卖点"高科技，使您节电，安全还方便"凸显其便利性。

④以情感为卖点。以让消费者生情、动情作为产品的卖点。要知道能感动客户的产品卖点，能让其购买意愿更强烈。

当年，"丽珠得乐"的一句"其实，男人更需要关怀"曾感动许多客户的心。以从事演员、养路工人、摄影师、教师、建筑工人、货车司机六种职业的男人为主角的朴实广告，以情感为卖点，引发了社会话题，创造了品牌联想，并打开了客户的关注之门，从而引起了客户的购买冲动。

⑤以特色为卖点。以特色作为卖点是最方便的，因为有特色就会引起客户的注意。

前些年，海尔集团为了拓展跨国市场，动脑筋、创特色、出卖点，对美国市场进行了大量的调查取证后，发现200升以上的大型冷柜品牌众多，竞争残酷激烈，而160升以下的小冷柜却是一个需求的空档。于是，抓住契机，发挥价格适宜、设计新颖、质量高超的优势，一举推出了60~160升系列的小冷柜，结果一炮打响，仅在纽约上市的2个月就销售出了1万多台。

（2）提炼的原则

产品的卖点无处不在，如果要想提炼出来的话，那么思路首先要打开，不能紧盯着某一方面不放，正所谓"条条大路通罗马"。当产品本身实在没有卖点可提炼之时，不妨突破性思维，从营销的各个层面去考虑。提炼产品的卖点，一般要遵守以下四项原则。

①人无我有。一般而言，此原则是指在产品导入期时，厂家新产品的功能卖点与竞争对手具有鲜明的区别，并且客户在销售员的引导下能够一眼看出。这时候介绍产品的卖点主要是将这些独特之处向客户一一指出即可，因为独有的销售卖点是给其留下深刻印象的最常用手段之一。

②人有我优。此原则是指随着新品炒作日益成熟，市场空间日益变大，这时竞争对手开始小批量或大批量生产同类产品，厂家为了保持市场份额及利润空间，针对市场竞争多元化的情况，采用新技术加快新产品的推出速度，并利用新技术或新概念来塑造新品的卖点，这时候卖点的提炼则是侧重产品与竞争品牌的同类产品的技术差异及新技术给消费者所带来的全新利益点，必须将新品的"优"表现得淋漓尽致，产品的卖点提炼必须更具有人性化。

③人优我转。此原则是指随着产品的技术壁垒日益降低，各品牌产品的功能卖点、技术参数、外观严重同质化，各品牌产品在终端的区隔越来越模糊，这时的卖点已经不再是单纯的产品自身卖点的提炼，而是侧重产品新概念上的提炼，形成自己独有的销售主张。

（3）提炼的方法

产品的卖点提炼常用以下四个基本方法。

①从产品的外观上提炼。一般而言，产品外观提炼主要是从设计的风格、形状、款式、色调、材质及新技术等方面入手。

②从产品的功能上提炼。对于同类产品而言，各厂家的产品功能多是

同中有异，故而应在提炼功能卖点上主要侧重这"异"字，使自己的功能卖点别具一格。但是，对于作为进攻或干扰竞争对手的产品，则应侧重异中求同，并在"同"字上做文章，以使提炼出的功能卖点在终端起到干扰对手的作用。另外，对于不同系列产品的价格差异，要从产品的不同功能上进行解释说明。

③从产品的参数上提炼。一般而言，厂家为了确保产品的差异性，经常在同一技术参数指标上做细微的差别，而这一细微的差别正是厂家进行同类产品纵向比较的依托，而独有的技术参数更是产品的"亮点"。对技术参数的提炼，要注意把技术参数与客户的需求结合起来，并且讲解词要通俗易懂，富有督促力，从而能让客户产生共鸣。

④从竞争对手的市场推广概念上的提炼。当各品牌的产品在功能设置、技术参数指标、产品性能、外观包装及市场推广手段等严重同质化时，客户在终端选购商品时会表现得更加迷茫，而产品在终端的角逐最终由"体斗"转向了"智斗"，即主要表现在对品牌、产品定位及客户的心理诉求上进行综合性的概念提炼。每个品牌都有自己独特的消费诉求概念，为了使自己的概念能更加吸引客户，更鲜明地与竞争对手进行概念区分，就应先对竞争对手市场推广的新概念和新手段进行全方位系统的分析，然后结合自己的产品特性进行概念提炼，最后则以产品推广概念为纲，驾驭产品卖点，形成自己鲜明的销售风格。

7. 借助第三方的证明获得信任

在实际销售过程中，销售员只有赢得客户的信任后，才有可能促成交易。然而，对于这种顾客的信任，销售员可以借助第三方的证明来获得。当销售员使用"第三方证明"策略时，准客户通常会无意识地（有时是有意识地）将自己同第三方进行比较，并且会认为第三方的成功可以在自己的身上被复制。此时，准客户会自我说服，而你无须使用任何其他促成交易的方法。

阿芳是一家汽车零配件制造公司的一名资深销售员。前不久，她得知某国际著名汽车制造公司要采购大量配件。于是，她马上约了那家公司的采购部经理面谈。

见面后，那位采购部经理不无歉意地说："你好！抱歉，咱们约好了今天，可是，我刚接到总部通知，下午3点要赶去开会，所以恐怕我只有40分钟的时间。"

阿芳："噢，这样。可见贵公司在中国的发展是多么迅速和紧迫呀。"

采购部经理："是的，我现在负责采购一批关键零部件，一定要质量可靠。"

　　阿芳："那是，我知道贵公司向来是以高品质而著称。我能否问您一个问题呢？这么多的配件，不会全都一次性地在中国购买吧？"

　　采购部经理："你说对了，我们初期先在几个试点购买一部分。"

　　采购部经理："最后为什么选择了你们？"

　　阿芳："在5家供应商中，我们是唯一采用德国进口材料的，以确保使用周期长；也是唯一采用日本进口加工机床的，以确保加工工艺及流程的严密；而且，我们的技师都是在日本学习深造过的；最后，我们的售后服务也是让他们最满意的。基于这四点，A公司就将合同给了我们。"

　　那位采购部经理对阿芳的话表现出了极大兴趣，准备就价格问题和她详谈。这时，阿芳又提醒他，该准备回总部开会了。于是，那位采购部经理约她明天再谈。

　　由此可见，阿芳的确是一个出色的销售员，她非常熟练地使用了引证的销售技巧。首先，销售初期，阿芳受到了两个无形的压力。一个是国际著名的汽车制造企业与国内普通民营企业在实力上不成比例的压力，另一个就是会见时间限制的压力。

　　她没有按照客户的思路走，而是扭转了一个思路，反过来提问。在谈话中，她非常巧妙地将己方和知名企业的合作案例拿了出来，很快赢得了对方的信任和好感。因为，人们往往会有这样的想法：像A公司那样的大企业都肯跟他们合作，看来他们真的非常不错！

借用第三方的力量给自己做证明是一种非常有效的销售方法。第三方证明可以采取多种形式，但主要有推荐信和正在使用自己产品的客户名单两种。

（1）推荐信

如果持有用户的推荐信，那么推销的效果会非常好。此外，推荐信种类越多，则效果也越好。

在实际销售过程中，任何一封来自你的准客户认识或听说过的一个信誉度较好的人写的推荐信，或者是准客户了解或听说过的某个公司写的推荐信，对促成交易都非常有利。

（2）正在使用自己产品的客户名单

正在使用自己产品的客户名单也是一个有效的第三方证明，销售人员应该经常加以运用。在实际销售过程中，汇编一份著名客户的名单，对促成交易十分有益。

总而言之，由于每位准客户内心都有很强的模仿官能，因此你所要做的工作就是用第三方证明策略来启动这一官能，并将其朝顺利完成交易的方向进行引导。

8. 有技巧地把产品缺点讲出来

"一个能力非凡而又完美无缺的人的吸引力，远不如一个能力非凡但身上却有着常人一样的缺点的人强。"这是美国心理学家阿伦森进行一项研究后的发现。这也就是在日常生活中，人们为什么会认为那些太完美的人缺失人情味，远不如有棱有角的人更具有人情味的原因。

在日常生活中，有一些看起来各方面都比较完美的人，也往往是不太讨人喜爱的，这是为什么呢？大家可以试想一下，普通人在与完美无缺的人交往时，总难免因为自己不如对方而自卑，如果发现一个人也和自己一样有缺点，就会减轻自己的自卑，感到安全，自然也就很愿意与之交往。试想，谁会愿意和那些总是让自己感到自卑的人交往呢？

所以，不太完美的人比起完美的人，更容易让人觉得可以亲近。

由此可见，在销售过程中，也是需要把握住人们这种相似的心理特点的。作为客户自然也明白产品就同人一样是没有十全十美的。所以，在很多时候，与其遮遮掩掩，倒不如坦诚以待，更能赢得理性客户的高度认可。在许多时候，一旦客户认为在你所陈述的产品缺陷中，并没有其所在意的问题时，会更快作出购买的决定。

美国大名鼎鼎的销售专家阿玛诺斯在开始工作时，只用了不到两年的时间，就由小职员晋升为销售主管。下面大家就来看看他是如何进行推销活动的。

当他在推销一块土地的时候，阿玛诺斯并不按照大多数销售员的一贯做法，比如，向客户介绍这地是如何的有投资价值，是如何的位置好，地价是如何的便宜等。他首先是很坦率地告诉客户说："在这块地的四周有几家工厂，如果是拿来盖住宅的话呢，周围的环境可能会很吵，这也就是价格要比一般的地便宜的原因。"

而事实上，尽管他把这块地说得如何不好，如何令人不满，他一定还会带客户前来参观的。然而，当客户来到现场进行考察时，发现那个地方并没有像阿玛诺斯说得那样糟糕，有的不禁反问他："哪有你说的那样吵啊？无论搬到哪里，噪声都会是一样无法避免的。"

就这样，在某个客户心目中实际情况是可以接受的，并没有像阿玛诺斯说得那么糟糕，于是便心甘情愿地购买了那块土地。阿玛诺斯的买卖就这样如此简单地成交了。

现在很多销售员在描述商品的优点时，总说得头头是道、天花乱坠、千言万语讲不完；但是，一旦被问到该商品究竟有什么缺点和问题时，却是哑口无言，或者干脆回答："没有缺点"。这些销售人员心里想的只是怎样把商品卖出去，即只要能把商品卖出去，怎么说都行。于是，便向客户大谈该商品是多么的完美，没有一丝问题。然而，当客户听信销售员的"美言"，高高兴兴地把商品买回家后，却发现该商品有非常致命的缺点，那么这个客户还会对该销售员有好感吗？还会再相信这个销售员，再买这个销售员的产品吗？

所以，销售员需要掌握以下技巧，既可以保持诚信又不至于让客户在产品缺陷面前望而却步。

（1）主动说出无关紧要的不足

其实客户也知道，从来就没有完美无缺的产品，如果销售员自始至终只提产品的好处，而对产品的不足只字不提，那其销售的产品不仅不会在客户心中得到美化，反而会引起客户的更多疑虑。他们可能会主动询问，也可能会在心里暗自猜疑。

所以，为了打消客户的疑虑，销售员可以主动说出产品不足的问题，说这些问题的时候，态度一定要认真，让客户觉得你足够诚恳，但是这些问题尽可能选择对方可以接受的。

（2）巧妙地告诉客户真相

巧妙地告诉客户真相，要求销售员保持诚信，但并非要求销售员在任何情况下、对任何事情都实话实说。有些问题虽然可以说出，但是却不能一股脑地全部抛出，而应该在叙述的过程中运用一些技巧指出这些问题，如客户普遍关注的价格问题、产品的致命弱点等，而有些问题销售员是不可以如实说出的，比如有关企业的商业机密等。关于这些不能说或者不好说的问题，销售人员一定要格外注意，不要为了得到客户一时的信任而信口开河。在说这些实话时，销售人员可以采用声东击西的策略。

（3）焕发出值得人信任的气质

同样的话以不同的方式或由不同的人说出，产生的效果是不同的。那些态度诚恳、神态自然的人说出的话往往要比那些态度虚伪、神态不自然的人说出的话更值得人信任。为此，销售员在与客户沟通时务必要用诚恳的态度和自信的神态打消对方的疑虑，而不要闪烁其词、唯唯诺诺地引起客户怀疑。

（4）为自己说过的话负责

销售员在与客户沟通时不要轻易承诺，对于自己做不到的事情千万不要答应。如果已经答应了客户某些事情，就一定要想办法做到、做好。这既是对客户负责，也是对自己负责。随便夸海口、拍胸脯，极不利于树立良好的信誉。

9. 让客户参与到产品的体验中

　　介绍产品是销售中必经的阶段，也是让客户拿主意的关键阶段。如果销售员能够用生动的描述，并加上客户的亲身感受，往往可以让客户产生购买的欲望。销售员在向客户推荐产品时，一定要让对方不仅听到，而且还要看到，甚至要摸到，必要时还要当场示范。一旦让客户亲身参与到产品体验中，可以使产品展示的效果加倍。如果销售员所销售的产品品质优秀，那么客户在参与产品展示的过程中，就会惊讶于产品的品质，从而立即喜欢上这款产品，更乐意马上购买。

　　另外，让客户亲身体验产品可以有更高的销售效率，省去销售员的许多口舌，不需要销售员再费尽心机地去说服客户。但是，有的销售员在产品展示时，却只顾自己展示，既不让客户参与，也不询问客户的意见。这样的产品介绍是起不到应有的作用的，因为如果客户只是在销售员展示产品的时候在一边观看，很容易就会分散注意力，失去兴趣。本来每个人能集中注意力的时间就不会很长，如果客户只是站在一旁而不能参与到产品体验之中，就会分散注意力，变得心不在焉。

　　一位销售专家曾说，要想真正赢得客户，我们就不应销售什么空调，而应销售那种在夏季打开空调时清爽怡人的感觉。

吉拉德曾说："我们不销售什么汽车，而要销售这种新汽车的感觉。一辆新汽车最能吸引人的东西就是那么一种妙不可言的感觉。"

吉拉德总是千方百计要每位客户都体验新汽车的感觉，请注意，他不是"让"他们体验，而是"要"他们体验。很多人非常害怕这种感觉，他们害怕踏上一辆新汽车，他们也不愿意试一试新汽车。在这种时候，吉拉德就把他们推上驾驶室，要他们体验新汽车的感觉。一旦他们踏上一辆新汽车，体验到了那种风驰电掣的感觉，他们就会产生一种占有的欲望，希望赶快买下来。

对于新汽车的感觉，吉拉德是这样解释的："我所谓的'感觉'，也就是开心无比、风光无限；我所谓的'感觉'，也就是他太太和孩子的欢乐，也就是他亲戚和朋友的称慕和祝贺；所谓的'感觉'，也就是客户的生活、客户的事业、客户的爱情、客户的一场美梦；我所谓的'感觉'，也就是客户自己的一种感觉。"

一旦客户手中握住了新汽车的方向盘，吉拉德总是告诉对方可以去任何一个他想去的地方。倘若对方住在附近，吉拉德就建议对方把新汽车开回家去，这样对方可以让太太和孩子们也看一看新汽车，也体验新汽车的感觉。有时候对方的邻居也可能会在门口张望。"我希望让每一个人看到他坐在一辆新汽车的驾驶座上，因为我希望他觉得自己已经买下了这辆闪闪发光的新汽车，正在开着它到处炫耀。这样做可以使他下定决心，不再动摇。"这就是吉拉德这样做的真正目的。

可以说，乔·吉拉德展示产品，让客户参与方面做得很成功。每个人都喜欢亲自尝试、接触、操作，都有好奇心，不论销售员销售的是什么，如果都能想方设法展示商品，并让客户亲身参与，就能够吸引他们，掌握他们的感情，从而有更大的把握将产品销售出去。

那么，如何让客户参与到产品的体验中、亲身来体验产品呢？

（1）让客户参与到问答及活动中来

销售员在做产品介绍时，如果用问题结束每一次产品描述，可以更有效地让客户参与到展示中。例如，销售员刚刚介绍完一款印刷产品的印刷品质，就可以问问客户，他对印刷的质量感觉如果，或者最喜欢的机器型号是哪一个。然后，不用停顿太久便转到下一个要点，因为停顿太久会使客户的心思分散，产生其他的想法。例如，他或许会考虑往后拖拖，或仔细考虑一下价格。

让客户参与到问答及活动中来，可以让销售员比较好地掌握产品展示的场面和效果。而且，问句的形式可以让销售员更好地引导客户，让其最终做出购买的决定。

（2）让客户亲身体验产品

优秀的销售员会积极创造让客户亲身体验产品的机会，一旦客户对产品有了一些切身体会，他们就更容易联想起拥有产品之后的感受。所以，对于销售员来说，完全没有必要不舍得让客户使用自己的产品，客户只有亲眼看到效果，亲自感觉到产品的好处，才能乐意购买产品。

（3）销售员要有欣赏自己产品的态度

销售员要想取得理想的展示效果，在向客户展示产品时，就必须表现出十分欣赏自己产品的态度。如果销售员一点也不欣赏自己的产品，在展示产品时必然会自觉或不自觉地显露出来，这时细心的客户会觉得连销售员自己都不欣赏自己的产品，那这肯定不会是好的产品。

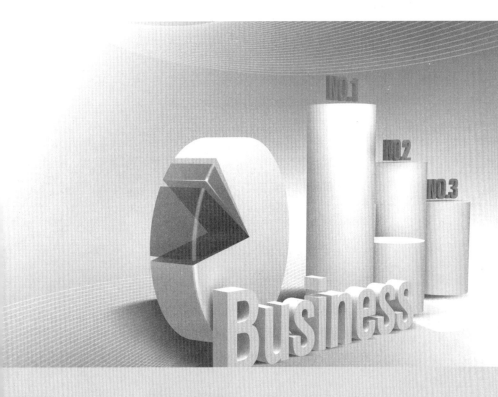

第六章
巧妙提问，赢得订单

　　所谓销售，不只是卖出东西，而是用产品或服务去满足客户的需求。但是，我们未必知道客户的需求是什么，假如我们一定要知道，那办法只有一个，那就是提问。

1. 好的问题比命令更有效

在生活中，总会有人问："为什么对方总是拒绝我？""为什么我一直无法顺利做事情？"其实，与其强势地说服对方，不如学会提问的艺术，让人在不知不觉间被问题引导。因为问题不仅仅帮助你问出答案，其中还隐含着说服的成分。换言之，好的问题比命令更有效，只要善于掌握提问的技巧，就可以解决很多生活中和职场上的"疑难杂症"，甚至好的问题还能促使别人作出改变，达到影响身边人的目的。

小娜是一位低油耗汽车推销员。这天，她约见了一位客户，一开口就礼貌地询问："先生，请教你一个所熟悉的问题，增加贵店利润的三大原则是什么？"客户好像很乐意回答这样的问题，他回答："第一，降低进价；第二，提高售价；第三，减少开销。"小娜立即抓住话题说下去："你说的句句是真言。特别是开销，那是无形中的损失。比如汽油费，一天节约20元，如果贵店有3辆车，一天能节省60元，一个月就节省1800元。发展下去，10年可省21万元。如果能够节约而不节约，岂不等于把百元钞票一张张撕掉？如果把这笔钱放在银行，以5分利计算，一年的利息就有1万多元，不知您高见如何？有没有节油的必要呢？"听了小娜这样的分析，客户觉得自己应该改变这种情况，最终购买了低油耗汽车。

小娜的提问契合客户的心理诉求，既然汽车可以节油，为什么还要继续"浪费"下去呢？于是，他就会想方设法用低油耗来改变之前"浪费"的情况，改而购买低油耗汽车。

一位教士做礼拜时忽然烟瘾上来了，就问主教："我祈祷的时候可以抽一支烟吗？"结果，这位教士遭到了主教的呵斥。其后，又有一位教士遇到了同样的状况，但他却换了一种方式问道："我吸烟的时候可以祈祷吗？"主教竟然莞尔一笑，答应了对方的请求。

提问的方式不同，效果自然不同。同样的话，高明的说法会让人心中喜悦，而顺利地达到目的；而愚蠢的提问只会贻笑大方，甚至令人生厌。

约翰固执地爱上了商人的女儿柯尼亚，但柯尼亚始终拒绝正眼看他，因为他是个古怪可笑的驼子。这天，约翰找到柯尼亚，鼓足勇气问："你相信姻缘天注定吗？"柯尼亚眼睛盯着天花板答了一句："相信。"然后反问他，"你相信吗？"他回答："我听说，每个男孩出生之前，上帝便会告诉他，将来要娶的是哪一个女孩。我出生的时候，上帝已将未来的新娘许配给我了。上帝还告诉我，我的新娘是个驼子。我当即向上帝恳求'上帝啊，一个驼背的妇女将是个悲剧，求你把驼背赐给我，再将美貌留给我的新娘'。"当时，柯尼亚看着约翰的眼睛，并被内心深处的某些记忆扰乱了。她把手伸向他，之后成了他挚爱的妻子。

"你相信姻缘天注定吗？"约翰通过柔情的提问，触碰了柯尼亚心中最柔软的部分。在日常生活中，只要我们能够运用合适的提问技巧，就有可能达到自己的目的，尤其是当我们在说服对方的时候，这不失为一种很好的说服对方的方法。

（1）找到对方感兴趣的话题

每个人都有自己感兴趣的事物或话题，迎合他们的兴趣，积极主动地寻找共同话题，这比漫无目的地乱说一通强一百倍。比如，假如了解到对方曾是一个歌手，那么可以说"那时候唱歌辛苦吗？""感觉你声音很独特，唱歌肯定很好听。"

（2）激起对方说话的欲望

在沟通过程中，率先通过提问向对方传递友好的信息，能激起对方说话的欲望。当提问使对方产生了浓厚的兴趣，对方就会不由自主地打开话匣子。所以，当谈话陷入尴尬境地的时候，一定要通过提问激起对方的兴趣，使谈话能够持续下去。

（3）有效的提问

适时的提问会帮助双方找到共同话题，当然，提问也是需要技巧的。为了不造成尴尬情境，应该把问题尽量掌握在自己比较擅长的范围之内，问题尽量具体，比如，"你喜欢去哪个国家旅行？"这样你就可以围绕旅途中发生的趣事展开一个话题了。

2. 提问是发现客户需求的有效方法

曾有一家旅游公司，在"十一"推出了"新马泰"7日游，价格不算太高，促销手段也很新颖，公司上下对此项目都非常看好，但事与愿违，销售并不理想。

电话销售人员将原因归结于市场竞争激烈、价格不合理，但这些并不是最主要的原因，真正的原因在于他们在销售过程中使用的句号太多。以下是销售人员的电话推销。

您好，赵总，我是××旅行社的××。最近，我们公司推出了一个旅游项目是"新马泰"7日游，非常适合您。对您这样平时工作比较忙，没有时间休闲的人来说，正好可以利用7天长假的时机去"新马泰"游玩。我们首推的促销价是在9980元的基础上打8折。这对于您来说是一个大好的机会，您可以趁机与您的太太和孩子一起去国外度假。"新马泰"都是好地方，风光山水无限美好，最大的特色是佛教文化，最刺激的亮点是人妖表演……

这位电话销售人员说了大约5分钟，在她讲的5分钟时间里，她一共说了20多个句号，没有一个问号，这是导致她失败的一大原因。

销售是一个了解需求——分析需求——解决需求的过程，在不明客户意图的情况下口若悬河，必然导致销售的失败。而了解客户需求的唯一办法就是提问。因为客户要的东西，不进行发问是不知道的。毕竟客户是以自己的决定来购买产品，客户的决定是通过思考所做的，而没有问，客户就不会思考。

实践中，很多电话销售人员知道提问是发现、引导客户需求的有效方法，但是，有些提问方法存在错误。比如，问的语速太快或太慢，太急速的发问容易使客户认为销售员持审问的态度；太缓慢的发问，容易使客户感到沉闷，无时间观念。又如，对敏感的问题，不会加前奏。当问一些敏感的问题时，例如，"您公司的预算是多少呢？"客户很可能会回避，这需要在问之前，先加一个前奏。也就是先说明客户为何要回答这个问题，他的利益在哪里。比如，"为了帮您找到最适合的解决方案，可否问您今年在培训方面的预算大概有多少呢？"当然，类似这样的问题，客户不配合的情况经常发生，除非我们与客户已经建立了良好的关系。但不可否认，有了"为了帮您找到最适合的解决方案"这个前奏，客户回答你的概率会大大提高。

有时候，客户会向电话销售人员问问题，然而许多时候，电话销售人员只是听到了问题，却没有听出问题背后客户所关注的问题。

客户：你们都有什么培训？

电话销售人员：我们的培训涉及很多领域，我给您介绍一下我们的课程，我们最近推出来的课程是……

客户：你们有没有大客户销售的课程？

电话销售人员：有。是这样的，我们最近的课程是关于领导……

这段对话中，电话销售人员没有仔细思考客户关心的问题，另一方面也没有注意运用反问技巧去挖掘客户真正的关注点。也就是说，既然客户问有没有大客户销售的课程，必然是有原因的，这时，你恰当地反问：咱们公司是否需要这方面的课程？或者直接问：你需要什么样的大客户销售的课程？

提问引导客户需求的过程是：询问客户的现状——引导客户发现"痛点"——重复和反馈——扩大问题的严重性——放大客户的"兴奋点"——引导客户确认需求。这个过程中，重要的是第一步和第二步，即首先询问客户的现状，然后通过提问让客户发现自己的问题、不满和抱怨，从而触发客户的需求。

提到怎么问，很多人会立刻想到封闭式和开放式提问。封闭式提问是一种带有收敛性质的提问方式，它逐渐将话题导入单一的答案上，这种提问总会有些固定的字眼，譬如"是不是""可不可以""能不够""对吗""好吗"等。比如，"您公司现在有没有专门的网络推广人员？""如果采用租借方式，您看行不行？""需要上门安装服务吗？"

开放式提问与封闭式提问方式完全相反，它给出一种比较自由的问题让客户回答，范围比较大，客户可能有多种不同的答案，经常会用到一些开放型的字眼，譬如"什么看法""您怎么看"等。比如，"通常您是如何提升销售人员的销售技能的？""您觉得怎么办才符合您的意思？""您今年的销售计划具体安排是什么？"

封闭式和开放式提问是常见的提问方法，其分类的方式较笼统，笔者将提问方式分为以下几种，简单、好掌握。

（1）状况询问法

通过问题了解客户的现状及可能的心理状况。比如，"请问贵公司所生产的产品主要是面向国内市场吗？""请问贵公司是生产自己品牌的产品吗？""你们有自己的培训机构吗？"

（2）问题询问法

即为了探求客户的不满、抱怨及焦虑而提出的问题，即引导客户发现"痛点"。例如：

"您目前住在哪里？"（状况询问）

"亚运村附近。"

"是不是自己的房子？"（状况询问）

"是啊，十多年前买的，为了小孩上学方便。"

"现在住的怎么样？有什么不好的地方吗？"（问题询问）

"嗯，现在太喧闹了，马路上到处都挤满了人，走都走不动，实在不适合我们这种年龄的人居住。"

（3）暗示询问法

发现了客户的不满、抱怨后，用暗示的询问方式，提出对客户不满的解决方案，都称为"暗示询问法"。例如，"奥运村的地铁马上就开通了，靠近森林公园，有绿地、空气又好，您认为怎么样？"

（4）权利式提问

是指在正式提某个问题之前，首先通过一些简单的问题获得向客户继续提问的权利，它可以使电话销售人员后续的问题自然地提出和过渡，让客户觉得电话销售人员所提的关键问题不那么突兀，提高客户的回复意愿。举个简单的例子，电话销售员问客户"我可以提一个问题吗？"客户通常会说"可以"，当客户说"可以"的时候，就代表着电话销售员已经获得继续向客户提问的权利，而且这个权利是客户授予的。

（5）引导式提问

客户在回答电话销售人员所设计好的提问的时候，会透露出许多信息，在这中间就存在某些关键点，电话销售人员再将这些关键点挑出来，进行针对性的引导式提问。引导式提问最大的特点就是前提假设已经有了某种倾向性，将客户的思路导向某一个话题，而这个话题不仅仅是客户所关注的，同时也正是电话销售人员所关注的。比如，客户在回答之中提到"培训课程我最关心实用性"。电话销售人员回答"对，我也是这么想的，并且这实用性和……有关，您认为呢？"这里的"和……有关"就是带有引导性质的，而且也显得合情合理。

（6）确认式提问

提问当然有最终想要达到的特定目的，是为了帮助客户发现自身的一些不满情绪、帮助客户发现自己的关注点。销售员提出带有总结性质的想法提交给客户确认。客户对自己确认的事实会比较负责任，这种提问就是确认式提问。

"您的意思是不是……这样？"或者"经过刚才我们的共同探讨，可能您在……和……方面经过改进之后，效率会提升很多，对吗？"

"马经理，我可不可以这样理解您的意思，您现在最担心的问题就是如果使用新的系统，可能会出现与原来系统不兼容的现象，是吗？"

"经过刚才我们的讨论，您主要存在的问题是以下三个方面：一是……，二是……，三是……，正是这些原因导致了公司物流成本的居高不下，对吗？"

3. 利用同理心提问

在营销过程中，许多顾客对销售员最初谈的话题并不感兴趣，这时销售员该如何通过提问达到目的。不妨在认同对方的观点，听完对方的谈话之后，再站在对方的角度上分析提问，体现同理心，这样更容易被对方所接受。

同理心是指在人际交往中，能够体会对方的情绪和想法，理解对方的立场和感受，并站在对方的角度思考和处理问题的能力。换句话说，同理心就是站在对方立场思考的一种方式。在整个心理过程中，由于自己先接纳了这种心理，所以也就接纳了对方的这种心理，最后谅解了这种行为和事情的发生，这与古人所说的"己所不欲，勿施于人"如出一辙。在人与人之间的沟通过程中，"同理心"始终扮演着重要的角色。利用同理心提问，就是站在对方的角度，同情、理解、关怀对方，接受对方的内在需求，并感同身受地予以满足。利用同理心提问，可以从对方言语的细微处体察对方的心理需求，从而通过语言表达出"惺惺相惜"的感觉，最终影响其心理。

　　保险员孙小姐一进门便开门见山说明来意："李先生，我这次是特地来请您和太太及孩子投人寿保险的。"可是，王先生却异常反感地说："保险是骗人的勾当！"孙小姐并没有生气，而是微笑着问道："噢，这还是第一次听说，您能给我说说吗？"王先生说："假如我和太太投保三千元，这三千元现在可买一部兼容电脑，二十年后再领回的三千元，恐怕连电视机都买不到了。"孙小姐又好奇地问："这是为什么呢？"王先生很快地回答："一旦通货膨胀、物价上涨，即会造成货币贬值，钱就不经花了。"通过这样的问话，孙小姐对王先生内心的忧虑已基本了解。

　　孙小姐首先站在维护李先生的立场："您的见解有一定的道理。假如物价急剧上涨二十年，三千元不要说黑白电视机都买不了，怕只够买两根葱了。"李先生听到这里，心里很高兴，但接着精明的孙小姐又给他解释了这几年物价改革的必要性及影响当前物价的各因素，进一步分析我国政府绝对不会允许像旧社会那样的通货膨胀的事情发生的道理，并指出以王先生的才能和实力，收入可望大幅增加。说也奇怪，经孙小姐这么一说，王先生开始面带笑容，与孙小姐相谈甚欢，当然，孙小姐最终获得了成功。

孙小姐成功的秘诀就在于利用同理心提问"您能给我说说吗？""这是为什么呢？"站在对方的立场来思考，设身处地，洞悉对方的心理需求，再进行引导，影响对方心理，最终说服了王先生。由此可见，灵活地运用同理心提问能够有效地影响对方心理，站在对方的角度思考问题，与对方实现内心的对话，最终达到目的。

卡耐基租用了某旅馆大礼堂讲课，有一天，他突然接到通知，租金要提高3倍。卡耐基与经理交涉时说："我接到通知，有点震惊，不过这不怪你。如果我是你，我也会这么做。因为你是旅馆的经理，你的职责是使旅馆尽可能盈利。"紧接着，卡耐基为他算了一笔账："将礼堂用于办舞会、晚会，当然会获大利，但你撵走了我，也等于撵走了成千上万有文化的中层管理人员，而他们光顾贵旅社，是你花再多的钱也买不到的活广告。那么，哪样更有利呢？"经理被他说服了。

卡耐基所使用的口才心理策略"如果我是你，我也会这么做"，其实就是"同理心"，在适时分析之后抛出提问"那么，哪样更有利呢？"当他站在经理的角度时，经理心中已经降低了防备，然后，卡耐基抓住了经理的兴奋点，使经理心甘情愿地把情感的天平倾向了自己这边。

那么，如何利用同理心提问，与对方惺惺相惜呢？

（1）"我想听听您的看法，您可以给我说说吗？"

当对方表露出与自己全然不同的想法时，可以以同理心方式说话："我想听听您的看法，您可以给我说说吗？"并通过语言分析强化对方想法的正确性，站在对方的角度，再进行积极引导，通过同理心产生的作用影响其心理，达到目的。

（2）"如果我是你，我也会这样做"

汽车大王福特说："假如有什么成功秘诀的话，就是设身处地替别人着想，了解别人的态度和观点。"于是，当对方说出了自己的决定时，可以强调对方这种做法的合情合理性，了解对方现在的心理矛盾，以感同身受的方式影响其心理，再巧妙地以提问方式说服对方。

（3）"咱们都是一家人，你说是吗？"

当仔细观察了对方身上所具备的特征之后，会发现双方其实也有许多相同点，其中一方需要的就是传递出"咱们都是一家人，你说是吗？"这样的信息，通过同理心来影响对方。比如，"张先生，我也姓张，咱们五百年前可是一家人啊，你说是吗？""王姐，您也是东北人啊，真是太巧了，我也是东北的。"

（4）"同是天涯沦落人"

相同的经历会有相同的感受，相同的感受自然会惺惺相惜，巧妙地利用同理心说话，比如，"你以前在广东工作过？我早些年也在广州工作过！""李姐，咱们做女人真的是不容易啊，既要照顾家庭，又要照顾孩子，生活压力真大啊，"以此来影响其心理，再通过适时提问达到我们的目的。

4. 请教式提问是一种有效的提问方式

在生活中，我们经常听到诸如此类的请教式提问"你的手工做得太好了，怎么做出来的，能教教我吗？"如此别具一格的赞美方法就是请教式提问，什么是请教式的提问呢？顾名思义，就是针对对方擅长的某些方面，而话语中带着请教的意味，似乎对方的优秀程度已经将其摆在了"老师"的位置上。而大多数人听到请教式的提问，虽然表面上不作声，但其内心却早已兴奋异常了。

另外，请教式提问更容易让对方接受，让对方体验到自己的价值，从而心中产生某种成就感。这样的提问方式大多适用于下属对上级、学生对老师、晚辈对长辈，由于对方身上有自己不具备的一技之长，遂以请教的提问方式表达自己的仰慕之情，在这个过程中，一方往往能在请教式提问中答应另一方的请求，或者，有可能会主动帮助另一方渡过难关。

这段时间，小雨跟她的一个朋友学会了十字绣，她利用业余时间，绣了一对在丛林中飞舞的蜻蜓。同事看了她绣的十字绣，很惊讶，那形象的花草、舞动着翅膀的蜻蜓非常逼真，同事由衷地赞美："哎呀，小雨，你太了不起了！你这是怎么绣出来的啊？"小雨笑了笑，看得出，她对自己花费了不少时间绣出来的作品很自豪，同事真诚地说："看你绣得这么漂亮，我也想学习一下，你能教教我吗？"

小雨点点头，开始手把手地教同事如何绣十字绣。

同事那几句请教式提问，恰到好处地温暖了小雨的心灵，增进了彼此之间的感情。可以说，请教式提问，是一种非常有效的提问方式。给他人戴上了一顶"高帽"，再虚心地请教，想必，一个再倨傲的人也会被打动，这样一来，所请求的事情自然就能够办成了。

（1）满足对方的心理

在生活中，每个人都有"好为人师"的自大心理，所以，在许多时候放低姿态，有针对性地请教对方，以自己的普通甚至低劣凸显对方在某些方面的高明和优势，可以间接起到赞美对方的作用。恰到好处地使用这种方式，既成功地赞美了对方，又可以给对方留下虚心好学的良好印象。

（2）请教式提问既请教又鼓励

其实，请教式提问不仅仅重在请教，还表现出一种鼓励的意味。当然，这样的一种提问方式不止局限于下属对上级，很多时候，上级为了鼓励下属，也可以向下属发出"请教式提问"。

（3）放低自己，抬高对方

在日常生活中，还有许多家长更是将请教式提问当作一种很好的教育方式，以此来鼓励小朋友。有时候，我们在求人办事的时候，不妨放低自己的身价，虚心请教提问，再说几句赞美之语，说不定能取得良好的效果。

5. 了解对方的心态再提问

在进行正式沟通之前，我们应该通过收集信息、留心观察，然后了解对方的心理状态，这是我们可以完成提问十分重要的一个环节。通常情况下，对方的心理状态大致可以分为愉悦、不愉悦两类。若对方心理保持愉悦的状态，往往在言行中表现出对我们的尊重和信任，且能情绪饱满、积极认真地回答我们提出的各种问题，这自然是令我们感到十分高兴的局面；若遇到对方不高兴、情绪消极的时候，对方只会勉强作出被动应答，遇到这样的情况，确实令我们感到难堪。不过，对于我们的提问，对方不好回答或是不想回答时，要针对具体情况寻找突破口，并运用恰当的语言表达方式来缓和气氛，同时调整自己的心理状态，让对方感受你的善意。

有一次，一个顾客在一款地砖面前伫立了很久，导购员小姐走过去对顾客说："先生，您喜欢这款地砖吗？您的眼光真好，这款地砖是我们公司的主打产品，也是上个月的销售冠军。"顾客问道："多少钱一块啊？"小姐回答说："这块瓷砖，打折后的价格是100一块。"

顾客说道："有点贵，还能便宜吗？"小姐说："冒昧地问一句，您家在哪个小区？"顾客回答说："在东方明珠。"小姐赞美道："东方明珠应该是市里很不错的楼盘了，听说小区的绿化非常漂亮，而且，室内的格局都非常不错，交通也很方便。买这么好的地方，我看就不用在乎多几个钱了吧？不过，我们近期正在对东方明珠做一个促销活动，这次还真能给您一个团购价的优惠。"顾客兴奋地说："可是我现在还没有拿到新房的钥匙，没有具体的面积怎么办呢？"小姐回答说："您要是现在就提货还优惠不成呢，我们按规定要达到25户以上才能享受优惠，今天加上您这一单才15户，不过，您可以先交定金，我给您标上团购，等新房钥匙拿到了，您再告诉我具体面积和数量。"

就这样，顾客提前交了定金，两个星期以后，这个订单就算定下来了。

"您喜欢这款地砖吗？""您家在哪个小区？""东方明珠应该是市里很不错的楼盘了，听说小区的绿化非常漂亮，而且，室内的格局都非常不错，交通也很方便，买这么好的地方，我看就不用在乎多几个钱了吧？"在这三个问题中，导购员小姐对于客户的提问恰到好处，再加上适时的赞美，如此，轻松就打动了客户的心。

（1）提问之前先寒暄

在设计提问的时候，需要把一些容易切入的问题放在前面，以自然的方式让对方进入状态。尤其是遇到陌生人的时候，刚开始交谈，他们都会显得比较窘迫、紧张不安。这时我们可以与对方聊聊天气等比较轻松的话题，缓和消除对方内心的紧张和恐惧感，为接下来的深入沟通做好铺垫。

（2）善于寻找共同问题

在沟通过程中，我们要善于发现自己与对方的相似点，比如，相似的经历、相似的爱好等，以此作为切入点，来赢得对方对自己的好感，以增加双方的亲切感、认同感。在面对面交谈的时候，我们要面对不同身份、不同背景的沟通对象，只有用心地找到每一位的契合点，才能给对方宾至如归的感觉。

（3）准备一些开放式的问题

在提问过程中，我们可以准备一些开放式问题，让对方有发挥的余地，及时地从对方的言谈中发现新的线索，并紧紧地"揪"住在谈话中不断涌现出来的这些新线索。

（4）注意问题之间的关联

问题与问题之间一定是有着逻辑上的关系的，应该逐层递进、逐层深入。我们不用过多的言语，从对方回答问题的答案中领会问题的实质。如果问题之间的逻辑是混乱的，那么我们就很难明白其中的主旨了。另外，问题的大小、难易程度要合理搭配、张弛有序、节奏明快。通过一问一答形成良好的节奏感，从而烘托出轻松欢快的气氛。

6. 营销的六大提问法

有需求才会有市场，客户是否存在需求，是营销是否成功的关键。

客户的购买需求既多种多样，又千变万化。当然，客户需求又是极富弹性的。所以，我们要想准确把握销售对象的购买需求，并非轻而易举通过一些提问来获得。在营销过程中，通过有效的提问，不仅可以与客户形成互动，而且还能增强客户的兴趣。不过，有效的提问是需要一定方法的，下面我们就介绍营销的六大提问法，帮助销售员突破销售的"瓶颈"。

（1）建议式提问

在营销过程中，可以时常采取一些主动性的建议式提问，从而了解客户真实信息，探求客户的真实反映，而且还可以坚定客户的购买信心。不过在进行主动性建设式提问时，最好语气不要过于僵硬，语气平和，让对方感觉到销售员是为他们考虑或为他们着想、关心他们，才提出如此问题。

"你看，我们应该赶快确定下来，您认为呢？"

"是的，您在护肤品选择方面认识得十分深刻，您是希望选择些保湿效果明显的，这样有利于滋养皮肤，我说对吧？"

"现在洗发水不仅要洗着舒服，而且还要有养发护发功能，是吧？"

"为了能够护发养发，就要合理地利用各种天然的洗发水，您认为呢？"

采取主动性的建议式提问，往往一个小小的问题能感动对方，赢得对方的信任和认同，又可以巧妙地介绍或复述产品的功能及卖点，给对方留下深刻的印象。

（2）肯定式提问

营销人员和客户沟通中，假如提出问题时采用一种肯定性的语言，往往可以有效帮助对方作出正面的回答，按照指引方向作出回答。比如，

"您一定很愿意在人才管理方面获取更多的经验与方法，是吧？""您一定愿意接触更多的企业家，拓展自己的人脉，是吧？""您一定认为健康与美丽一样重要，不是吗？""您一定认为在整个家庭中，您肩负责任最大，承担得最多，是吧？"

（3）请教式提问

在生活中，每个人都有虚荣心，都渴望被尊重。请教是社会关系中师生关系的体现，特别是一些有地位的人，比如领导，甚至公司中一些有地位或者有头有脸的人物，他们内心深处都渴望被人尊重。当然，有一部分客户希望充当"老师"的角色。

营销人员：你好，李经理，我是某某培训人力资源管理公司的小张，昨天在商界杂志上看到你的一篇关于人才培训、培养的文章，我真是受益颇多，可以耽误你几分钟吗？我想请教你几个问题。

李经理：是吗？好的，没问题，你说。

营销人员：你在文章中提到，人才的培训必须以问题为突破口。我十分赞同你的观点，但是我有一个疑问，就目前我们的在职培训情况而言，让老师带着学员的问题和需求培训相对比较困难，李经理，不知道你的看法如何？

李经理：是的，这也是我最大的困惑。我准备自己组建培训团队，来确保培训可以按照问题、办法、实践、检验的四部流程，让培训走向实效。

营销人员：你的想法很有建设性，我非常赞同。那么，李经理，你是否思考过，让你的学员在听课的时候，也能充当"老师"这一角色呢？

李经理：学员充当讲师？他们有这个水平吗？

营销人员：我们公司最近研究出一种新的培训模式，学员是演员，进行现场实战演练式的培训，然后学员提出自己的问题与需求，让讲师安排培训内容，这样可以大大提高学员们的接受效果。

李经理：是吗？

营销人员：是的，我们已经与多家企业达成了长期合作的协议。我认为，我们的培训模式整合与你的培训思维不谋而合，你觉得呢？

李经理：是的，我也考虑这些方面，只是苦于没有时间和精力去实际操作。请把你们的培训模式和合作方式传真一份给我，我先看看。

在案例中，营销人员充分利用人性的趋向性，在沟通开始阶段，采取这种请教式的提问，充分抬高对方的价值，让对方心甘情愿地回答他的问题。在和谐友好的气氛中，营销人员最终达到了自己的目的。

（4）引导式提问

对营销人员而言，最痛苦的事情是客户不愿意将自己真正的问题和需求说出来，这时就需要用到引导式提问。所谓引导式提问，就是学会借力打力，先通过陈述一个事实，然后再根据这个事实发问，让对方给出相应的信息，客户内心的想法就是一座宝藏，一旦被激发出来，我们就能顺理成章地开采成功，假如无法激发出客户内心深处的想法，就不容易把握客户最后的决定。

营销员：你好，张女士，我是某某物业管理公司，打扰您一下，不知您是否注意到最近的新闻以及小区告示？

张女士：注意到了，最近好多小区都发生了入室盗窃案，好吓人。你们社区管理部门一定要搞好治安，否则好麻烦。

营销员：是的，这方面我们一定要做好，不过也需要你们的配合。

张女士：我一个弱女子，如何配合呢？

营销员：很简单，小偷入室盗窃，主要通过撬锁入室内，你要检查一下你们家的锁质量是否过硬，是否有报警的功能。

张女士：这个我不清楚，我也不知道质量到底怎么样。

营销员：这样吧，你确定个时间，我们帮你联系一家专业检测公司和报警器安装公司，到你们家去看看，怎么样？

张女士：可以，那太感谢你了，明天下午怎么样？

营销员：可以，那就明天下午3点钟吧。

这种引导式的询问方法，要比直接询问对方领导的信息有效得多，因为里面阐述了一定的利害关系以及其他企业的举证的论据，这样对方一旦想拒绝，就会考虑到意外的情况了。

（5）限制式提问

限制式提问，实际上就是把答案限制在一个很小的范围之内。不管客户回答哪一个，都对提问者是有利的。也就是说，在限制选择的提问中，必须使所提出的问题明确而具体，效果才会更加显著。

"太好了，李总，那明天上午是九点钟还是十点钟，我去亲自拜访您好吗？"

"好的，李总，我是通过传真方式还是通过邮件方式，将详细的资料传给你呢？"

"好的，李总，你是今天有时间还是明天有时间，我们好派人到你们那儿亲自检查一下门窗安全问题？"

这种提问方式，通常是运用在沟通基本达到高潮期，需要客户做出某种选择和决定的时候，主动为客户做主，使其没有拒绝的机会。尽管，这种提问方式对营销人员是非常有利的，不过在表达方式上，必须是自己在已经充分掌握主动权的基础上，且自己所问的问题一定是对方有能力做出明确的回答，否则，对方会感到压迫，导致谈话进入僵局。

（6）探求式提问法

探求式提问方法，就是通常我们常说的6W2H的原则，向对方了解一些基本的事实与情况，即What（什么）、Why（为什么）、How（如何）、When（何时）、Who（谁）、Where（在哪里）、How much（多少、多久）。

"我可以请教您几个问题吗？"

"我可以向您咨询一些情况吗？"

"我可不可以这样理解您的意思……"

探求式提问仅仅能够帮助我们获取愿意从正面回答提问的客户的答

复，而且一定要把握语言、语气的运用，不要弄巧成拙，最好请教式提问的方法一起运用。当客户自然地回答"可以"，就代表着已经获得探求式提问的许可，而且这个权利是客户授予的。

7. 用提问引导话题的走向

在电话营销过程中，更要学会引导话题的走向，才能获得想要的信息，实现高效的沟通。很多销售员在打通电话后进行一番不痛不痒的闲侃之后，忘了自己的本意，只好再补充一个电话，或者被对方牵着鼻子走，一番长篇大论或无关紧要的争辩之后，无功而返。怎样避免出现这种情形呢？打电话之前就要确定好自己的主题，话题要一直围着自己的主题转，更要善于引导对方，引导对方的思路朝着自己预定的方向前进。怎样引导对方？

案例一：

营销人员：您好，张总，我是一家财务软件公司的小李，很高兴，你能接听这个电话。

张总：有什么事吗？

营销人员：是这样，我们公司最近新代理一种能够提高库存、财务管理方面的管理软件，听说你们公司目前还没有使用这方面的软件，是吧？

张总：你听谁说的，我们偌大的公司怎么可能不使用财务管理软件，你搞错了吧。

营销人员：是吗，您使用的是什么品牌的财务软件呢？

嘟、嘟……对方已经挂断电话了。

案例二：

营销人员：您好，张总，我是一家企业管理咨询公司的小宋，想请教您几个问题？

张总：什么问题？

营销人员：是这样的，李总，经常有许多公司向我们打来电话，向我们公司咨询关于库存管理、产品分类管理以及账务管理方面的问题，还请求我们给他们提供这方面人才。张总，不知您在这方面有什么更好的观点与意见？

张总：这个很简单，我们有专人负责仓库管理这块，产品分片分区管理，财务也有专人负责。只是，我也有些困惑，就是他们办事效率十分低，我需要个什么报表，往往不能及时统计出来，造成信息不顺畅。更麻烦的是，一旦出现人员流动或者调整，往往一段时间内会出现纰漏。不知道你们有什么好的解决办法没有？

营销人员：张总，请问，您目前使用的是什么管理软件？

张总：管理软件？管理软件目前好像用不到吧，我们一直采用人工做账的方式。

营销人员：是的，向我们打来咨询电话那些公司，也是喜欢采用人工做账，只是没有您分配的那么细致、有条理。不过，现在他们这些问题都解决了，而且效率也提高了很多。

张总：是吗？怎么解决的？

营销人员：他们使用一种叫作×××的财务管理软件，不仅节省了人力，而且每天都能了解当天的产品进、销、存，畅销产品、滞销产品比例、进出账情况，欠账、拖款情况等。

张总：是吗？有这样的软件？哪里能买到？

营销人员：这样吧，张总，我下午两点到你们公司，您在吗？我把软件带过去，顺便给您的员工讲解如何使用这个软件，怎么样？

张总：好啊，非常感谢。

同样的目的，不同的表达方式，得到的却是不同的结果。在前面一个案例中，我们可以清楚地看到小李说话的目的，不过很遗憾，他没有把握好提问的方式，让顾客听着很不舒服，即便有需求，也不会选择从他那里购买。后面一个案例，小宋的目的同样是让张总认识到使用管理软件的重要性以推销管理软件，可是这个电话销售通过不同方式的提问，让张总愿意接受并回答问题，而且愿意提出自己的观点，表达出自己的想法。这样，小宋能根据对方的回答，有效把握有理有据的对答方式来攻破对方的思维方式，达到预期的效果。

对于电话营销人员来说，通过采取有效的询问方式，可以启发客户心智，引导客户积极参与到沟通中，达到自己营销的目的。在许多营销书籍中，把提问的方法分为开放式和封闭式两大类，但是很遗憾的是，这两种方法在实战应用方面分析的都比较笼统，而且缺少现场情景环节分析，造成营销人员在营销过程中无法淋漓尽致地发挥。

营销电话引入话题是最困难的，客户有一种自然的排斥心理，要把握一定的沟通技巧，才能避免被对方牵着鼻子走。那么，营销人员究竟通过哪种询问方法才能很快赢得客户好感，并尽快进入主题呢？

（1）开场白

首先，简单的招呼之后，清晰说出自己的企业和名字，企业名称有一种隐约的话题导向，比如，保险公司肯定不会销售纸笔。有些客户一听公司名称，马上挂断电话，这种很少能成为潜在客户，相反，只要没挂断电话的，可能对你的公司或你的目的有潜在兴趣。

（2）电话拜访理由

以自信的态度清晰表达出电话拜访的理由，会让对方感觉到你的专业可信赖。主要是谈业务还是约见，是做调查还是介绍新的产品服务，一定要有一个详细、确定的理由，千万不要说是做某项调查的，最后卖起产品来了，会引起客户的反感。

（3）用询问的方式引导客户的注意、兴趣及需求

好的营销者善于提出问题，比如，我们常常接到推销保险的电话，结束寒暄后，对方往往会提出"您有保险吗"？如果回答"有"，对方可能接着提问"是哪方面的？大病的、意外的还是养老的？是消费型的还是分红型的？"

推销员提出什么样的问题，顾客就会做出什么样的反应。问题能引导顾客的注意力和兴趣。专业的电话销售人员总是倾向于向客户提问题，问一个有效稳定顾客思维方式的问题。

选择哪些问题来询问更能引导谈话呢？

①开放式问题。开放式问题，是指为了引导对方开口而选定的话题目的是了解对方。如果你想多了解一些客户的需求或真实想法，就要多提一些开放式的问题，比如，"什么""哪里""告诉""怎样""为什么""谈谈"等。比如，在保险业务中提问"您觉得自己缺少哪方面的保障？"

②封闭式问题。封闭式的问题，是指为引导谈话的主题而特别选定的话题，目的是知道确切答案。希望对方的回答在限定的范围。封闭式的问题经常体现在"能不能""对吗""是不是""会不会""多久"等疑问词之间。比如，对方回答"我需要考虑一下"。就可以这样询问对方"方便告诉我多久之后您会答复我们吗？"

8. 积极提问，赢得订单

一位刚毕业的大学生走进一家报社后问总编辑："你们需要一位好编辑吗？""不需要。""那么记者呢？""不需要。""印刷小工如何？""不，我们现在什么也不缺。""那么你们一定需要这个东西。"这位大学生从公文包里拿出一个精美的牌子，上面写着："额满暂不雇用。"

总编辑笑着说："如果你愿意的话，请到我们的广告部来。"就这样，这位大学生被录用了。可见积极提问在求职中能起到关键性的作用。

的确，销售其实和这位大学生求职只是形式上不同，本质是一样的。求职是把自己销售出去，销售是把产品卖给客户。有一个很好的销售方法是"以二择一"，这是在假设客户购买的基础上，提供两种可供选择的答案给其选择，但无论选择哪一种，结果都是同意购买。例如："您要红色大衣还是黑色大衣呢？""我是这周给您送货还是下周给您送货呢？"运用"以二择一"的成交法，切记一定不要问买还是不买，而要围绕在"购买"多少和什么上让客户在两个选择中择其一。

在同一条小街上有两家小饭店，每天的客流量都差不多，也都是食客颇多，人进人出，川流不息。然而，晚上结算的时候，右边小饭店总是比左边小饭店多赢利上百元钱，天天如此。精明的顾客发现，走进左边的小饭店时，服务员会微笑着迎上前来，给食客盛上一碗面后，便问道："要不要来一个鸡蛋？"有说要的，也有说不要的，几乎各占一半。走进右边小饭店，服务员也是微笑着迎上前，盛上一碗面，然后问道："您来一个鸡蛋还是来两个鸡蛋？"

大多数客户说来两个，不爱吃的就说加一个，也有说不要的，但是说不要的很少。一天下来，右边的小饭店总是比左边的小饭店多卖出数百个鸡蛋，这也就是右边小饭店总是比左边的小饭店多赢利的原因。

左边的小饭店是"要不要来一个鸡蛋"，右边的小饭店是"您来一个鸡蛋还是来两个鸡蛋"，都是询问顾客的选择，然而，右边的小饭店给客户提供"以二择一"的选择更能提高销售量。

另一个方法是在客户最后放弃成交之前，销售员要求对方提供帮助，希望获得机会后再伺机而动的成交方法。当我们想尽各种办法，对方依然一口回绝而无法成交时，不妨使用这一办法。

尹向东向一位客户销售空调机，谈了很久依然没有办法成交，最后搞得双方都有些不耐烦了。好在尹向东还算经验丰富，主动对客户说："看来咱们今天是无法达成一致了。不过没关系，买卖不成仁义在嘛！今天交了您这个朋友我非常开心，希望以后我们有机会合作，那我就先告辞了。"说完，尹向东就起身往外走。即将走出门时，尹向东突然转身折了回来，走到客户面前诚恳地说："今天没有达成合作没有关系，我从事这个行业时间还不是太久，能不能给我提点意见，看我哪里还做得不够好，以便以后我能做得更好。帮帮我，你看好不好？"

客户看到尹向东很虔诚的样子，于是说道："你的产品也不是不好，说实在的，主要是……"针对尹向东的产品，客户提出了自己最为担心的一个问题。尹向东一听心想："原来是这么回事啊！"然后，他故意夸张地说："原来是这个问题啊。刚才怪我没有说清楚，来，我给您再说一遍……"最后，尹向东拿下了这笔订单，而且赢得了一个长期客户。

突然转身成交法实际上是再创造一次和客户沟通交流的机会。当销售看似已经结束，而你又转身折回时，客户已经放下了戒心，他这时说出来的话可能才是他真正抗拒的原因，也是先前未能成交的最大障碍。当销售员正好又能解决掉这个问题时，成交自然水到渠成。

价格对比法是销售员把两个不同时间、不同地点、不同前提条件下的合作方式同时列举出来，进行对比，最后让对方选择一个对其更有利的条件，这就是"对比成交法"。例如，"今天是三八妇女节，这些保健品面向妇女特价优惠，您刚才看中的口服液，平时每盒都要500元，现在才200元，您看来几盒？"听到这样的话，客户可能会觉得很实惠，说不定一下子就会买上个三五盒。针对一些畅销的产品，销售员故意说一些不确定的话，令客户产生紧迫感，并最终下定决心购买，这就是"制造紧迫感成交法"。

一天，周正国去逛商场，看上了一件十分心仪的西服，但价格有些贵。于是，他问商场销售员可不可以便宜一些。没想到销售员居然这样说："先生，您真有眼光，那套西服的面料、款式都很好，是我们这里最畅销的产品，都快要脱销了。我们仓库里可能都没有现货了，我先给你查一下。"听到这里，周正国害怕一会儿衣服就会被别人买走了，所以顾不上还价便连忙对销售员说："赶紧查，价格不是问题，只要有，我马上就买！"

这位销售员真是一位制造紧迫感的高手，在适当的时候给客户制造紧迫感也是一种销售手段。

解疑反问是认真地倾听客户在购买产品前的所有疑问，并一一进行解答，排除客户的所有疑问，最后，你再进行反问来结尾，从而促成交易的方法。例如："顾均平先生，交货期限是不是您关心的最后一个问题，如果我们能够保证在约定的时间内完成订单，那我们现在是不是就可以签订合同？"

销售员在销售产品时，不只是强调产品的质量与服务，以及强调产品的好处，还要强调如果不买产品会有什么样的损失，让顾客产生危机感，从而产生购买的欲望，最终下定决心购买产品。

顾客的行为受两种因素的影响，追求快乐和逃避痛苦。在销售产品时，不仅要给客户快乐，还要给其痛苦。强调产品的价值就是产品给顾客带来的快乐，而不购买产品带来的损失就是痛苦。当顾客想逃离痛苦的时候，购买的动力将会马上增大。

9. 正确的提问方式很重要

有些客户没有买过这类产品，表示这些顾客还没有意识到问题的存在，并不知道问题的严重性，所以不想买产品。但是很多顾客已经买过这个产品了，表示这些顾客是认识到有问题，所以你建议其替换。比方说顾客用的是 B 产品，你推荐顾客购买 A 公司的产品，该怎么办？顾客有需求，只是需求没有完全被满足，有一个需求的缺口。需求是一个圆，中间一定有缺口。

找出需求的三个步骤：

一是问出需求。

这一步骤里面有五句话、五个小阶段：第一，要问顾客现在所拥有的产品是什么。顾客说B产品。第二，要问顾客最喜欢现在产品的哪几点？为什么会选用B产品？顾客会说喜欢B产品的ABC。第三，要问顾客喜欢的原因是什么呢？顾客的回答能让推销员为推销找到一个方向。第四，希望未来产品有什么优点或产品哪里还可以改善。如，询问顾客假如未来还有一个新产品比现在更好的话，希望这个新产品还具有什么优点？顾客可能会说除了ABC之外还要XYZ。若询问顾客希望现在的产品哪里可以改善？顾客会说希望XYZ能改善。第五，为什么这对你这么重要呢？顾客就会说B产品买了一年了，虽然怎么怎么好，但是还有XYZ的缺点，所以价格这么贵，即还有遗憾。这时候销售员就知道了，B产品的ABC是被满足的，但是XYZ是缺口，价格贵也是个问题。以上的五个小步骤都属于第一步骤，问出需求。

二是问出决定权。

如果面谈的客户没有决定权，你想推销产品给他也没用，所以要问出决定权。如果直接问客户有没有决定权，这会伤害对方的自尊心，所以应问对方购买这个产品的时候还需要谁一起做决定？除了对方之外还需要谁批准吗？如果客户说还要问老板，那表示其老板才有决定权。所以，如果说客户没有决定权，你就不用往下问了。

三是问出许可人。

这个问题很重要，如："请问先生，假如我有一些方法能满足你要求的ABC，并且也能满足XYZ，你允不允许我向你介绍一下？你有没有兴趣想听一听我的建议？"先让客户同意了你的请求，你再往下介绍，若顾客不接受你的请求，多说是无益的，你无法对一个背对着你的人说话，因为他心灵不对你开放，你说什么都没有用。被拒绝，有可能是你没有抓住对方需求的缺口，没有与对方达成信赖感，或者是你根本还没有准备好了解顾客。推销是一个流程，它有相应的步骤，需要环环相扣。

第七章
保持冷静，
正确处理客户异议

　　销售员常常碰到的一种情况是，客户对其销售的产品有异议。只有正确、客观、积极地认识异议，才能在面对客户异议时保持冷静、沉稳，并发现客户需求，把异议转化成销售机会。

1. 找到客户真正拒绝的原因

所有的销售人员都希望出现这样一种状态，即所有的客户都会在合适的时间签字、开支票。我们知道，这只是一种理想状态，因为真正的销售工作并不是那么简单、容易。客户在面对销售员的销售行为时，总会对销售员提出这样或那样的质疑，客户提出异议是因为他们想知道这件产品为什么值得购买，而这正是他们在向销售员微妙地传达对产品有兴趣的信号。很多销售人员没有足够的勇气与耐心，一遇到客户的质疑就泄了气，就放弃了努力，转而到别处去做另一次推销。

其实，当客户真正对销售员推销的产品产生兴趣，而又拿不定主意是买还是不买时，他们就会提出异议，这些异议正是他们将要购买的一种信号。如果对此处理得当的话，那么随后的成交就很有希望。

客户表达出的异议或许是出于各种不同的考虑。如果销售员找不出他们的真正用意，那就会错过很多本来有可能成交的生意。

保罗是一名股票经纪人，他正试图推销ATR公司的五千股股票。而他的潜在客户吉姆刚巧是他的邻居和好朋友。一开始，吉姆就对保罗提出了反对意见，他说他只会对那些盈利的公司进行投资。

"ATR公司的股票今年下跌了五个百分点呢。"吉姆说。

"是的。"保罗赶紧回答说，"不过，他们的股票不会再贬值了。我们的股市分析家估计明年会上升八个百分点。"

"我不相信，除非我亲眼看到。那家公司已经有两年零三个月没有盈利了。"吉姆又说。

那么，吉姆表示出这种异议的真正原因到底是什么呢？原来，他的一个外甥也在推销股票，迫于对方的压力，他准备让外甥做他的经纪人。但是，他又不想伤害保罗的感情，因为他们已经合作了20年之久。吉姆一味推托，说明了他不知道如何去拒绝老朋友又不至于伤面子。可想而知，即使保罗使出浑身解数，也是不可能说服吉姆的，因为他说的一切都和吉姆的真正意图毫不相干。

辨别客户异议的最好办法就是当有了肯定确凿答案的时候留心观察对方的反应。一般说来，他们要是无动于衷的话，那就表明他们没有说出真正拒绝的原因。

另外需要注意的是，当客户提出一系列毫不相干的异议时，他们很可能是在掩饰真正困扰他们的原因。如果销售员懂得"要是不想购买的话，没有人会提出如此之多的异议"，那销售员就可以提一些问题，以揭开客户内心的真实意图。

当然，客户拒绝销售员的原因是多方面的，其中有许多原因或许是销售员无法改变的，销售员能做到的事情，就是要通过沟通来破除双方之间的心理障碍，激发客户对产品的兴趣和购买欲望，进而促成交易。在很多情况下，销售员的不当销售方式是遭受客户拒绝的关键因素。如果销售员能够意识到并能够改变自己和客户的沟通方式，并抓住客户的心态，那么遭受客户拒绝的可能性就会明显减少。

刚刚大学毕业的李明，很顺利地进了一家保险公司做保险销售员。由于他在大学期间非常优秀，所以公司很器重他。为了能使他成为一名优秀的保险销售员，公司尽了最大的努力，让最好的培训老师给他单独授课，经过两个月的时间，教会了他在业务上的各种技巧。但是，一年过去了，他并没有获得大家想象中的成功。

那么是什么原因导致他没有成功的呢？虽然他是一名优秀的大学毕业生，并且在接受培训时，也表现得十分优秀，但是他有一个致命的弱点，这也是导致他没有成功的原因，即当面对那些直接拒绝他的客户时，他就无法把谈话继续下去了，并且，在很多时候，他都说不出一句话来。

其实，被客户直接拒绝本来是件很正常的事。并且，在销售过程中，销售员碰到客户拒绝的可能性要远远大于销售成功的可能性。因此，如何更好地应对客户的拒绝，不仅是销售员必须面对的问题，也是心理承受能力的一种历练。

经研究表明，客户拒绝销售员往往是处于一种习惯性使然。就像人们一般都会对自己的现状不满、渴求改变，但同时又会对一些新事物抱有抵制情绪，自然就会因不够了解和不能把握新事物而排斥新事物，因此，在大多数情况下还是感觉维持现状比较踏实些。所以，销售员在和客户的沟通过程中，要排除客户这些习惯性的拒绝。在下面的拒绝方式中，由于大部分客户都是习惯性的抗拒，所以销售员不要直接放弃，而是应深入找到客户真正拒绝的原因，然后再逐一解决。

（1）客户说："我不需要。"

这是很多销售员经常碰到的拒绝方式，也是很多人最习惯说出的一种拒绝方式。在大多数情况下，当客户说出"我不需要"时，并不是表明沟通无法进行下去了，而是由于销售员喋喋不休地介绍或使用了不符合对方口味的交流方式，让客户产生了抵触心理。

其实，"我不需要"是最容易克服的，只要运用一个良好的开场白就可以避免。虽然客户嘴上说着"我不需要"，但是心中可能已经蠢蠢欲动了。只要销售员的话术足以吸引客户，就等于有了打开成功大门的钥匙。

（2）客户说："我没钱。"

比起"我不需要"的使用密度，"我没钱"这句话是紧随其后的。这种拒绝实在让人感到毫无办法，销售最终的达成难点也出现在这里。尽管销售员说得让对方佩服得五体投地，看似被认可，事实上这句话在更多的时候，只是一种借口而已。如果客户对产品的需求是强烈和必需的，并由此产生一种"紧迫"的需求，那么没钱的借口就会不攻自破。因此，销售员不必因为客户提出"没钱"的异议就否定这次推销。如果出现了这种情况，只是表明销售员的话术对客户的需求启发不够。

（3）不必回答的问题

在销售员和客户沟通的过程中，通常会遇到很多的问题。比如，一位客户似乎对一款家电很感兴趣，但在决定购买前，突然就会指出家电上的一些小问题，在销售员和客户争辩的过程中，很可能会出现客户愤然离去的结果。其实，客户最大的可能只是想要为讨价还价而找的一个借口而已，并不是什么严重的问题。这样的异议是不需要回答的，解释和争辩都只能使问题越来越乱，矛盾越来越大。

同样，在销售过程中，有很多问题是不需要回答的。比如，客户提出的异议会随着业务洽谈的进行而消失的问题，一些自我表现性的问题，容易造成争论的问题，明知故问的发难等。对于这些问题，销售员是可以不予直接回答的。此时最好采用幽默的语言间接回答，或者干脆沉默或者假装没有听见，也可以答非所问，以扭转对方的话题。

2. 不要和客户发生争论

在面对客户异议时，销售员千万不要和客户发生争论。因为争论一旦发生，产品再好，客户也不愿意在这里购买。虽然在争论过程中，销售员可以用其他的方法说服客户，在争论中取胜，但也彻底失去了成交的机会。

销售员："先生您好！昨天您来看我们公司新出产的病床，我想了解一下，您觉得这批床怎么样，适合您的医院吗？"

客户："一些功能挺好的，只是我觉得这床太硬，病人会不喜欢的。"

销售员："硬吗？这种类型的床还是硬一点好。"

客户："对病人来说，并不要求太软的床。但它真的是太硬了。"

销售员："您怎么过了一天就说这床太硬了呢？昨天您还说挺合适的呢。"

客户："不适合，我觉得各个方面都不符合我们的选择标准。"

销售员："可是这种床是专为您的这批腰肌劳损的病人设计的，如果有这种床，他们会更舒服的。"

客户："我们有专门的采购部，我们的采购部会处理这个问题。"

销售员："你们的采购部并不可靠，他们哪有我们的专业设计人员懂得多啊。"

客户："哦，那再见吧。"

销售员："你这个人怎么这样呢？"

上面的反面例子告诉我们，拿出真诚和耐心，心平气和地和客户沟通，才会让销售变得顺利。

不论客户提出怎样的异议，有理由的还是无理取闹的，销售员都不应该和客户发生争论，因为争论绝不是说服客户的好办法。与客户争辩，失败的永远是销售员。当然，这样做并不是说客户永远是对的，为了避免争论，就要忍气吞声地放弃原则和利益迁就客户的无理要求，而是要换一种方式妥善地解决问题。

当一位客户想退掉一件刚买的特价衣服，但商场规定这种衣服是不能退货的。这时，销售员可以这样对客户说："我们商店有统一规定，特价商品是不能退货的。不过，我可以去请示一下老板，看他能不能给您特殊处理。"

当客户听到"特殊处理"这四个字时，会对销售员产生一种好感。如果老板不同意退货，客户也会认为销售员已经尽了力，就不会再难为销售员了；如果老板同意退货，客户会认为自己受到了特殊待遇，心中更会对销售员充满感激。

永远不要把争论当成说服，这是每个销售员都要牢记的话。但怎样才能避免和客户起争论呢？

方法一是冷静分析客户的异议。如果客户的观点和你的观点相抵触，你就要判断这种异议产生的原因，并认真倾听客户的异议，从这些异议中获得更多的信息，然后再根据这些信息做出判断和应对。

有时客户提出的异议虽然很刺耳，但并不是他们真正在意的地方。因为任何产品都不可能是十全十美的，客户对产品挑剔也是情有可原的。对客户的异议，如是产品的款式和色彩等，销售员大可不必放在心上，一言带过即可。如果客户提出的异议是强硬的，表明客户确实对产品的某些功能不太满意。销售员就要有意强化产品的优点，淡化产品的缺点。如果客户对产品不满意的地方过多，销售员就应该向客户介绍一些别的型号的产品。

心理学家多年的研究结果表明：人们更在乎产生某个结果的过程。根据这种理论，客户在决定是否购买产品的过程中，是非常痛苦的，当他决定买或者不买之后，就会如释重负。当客户提出异议后，销售员在认同客户的感受的基础上，更要安抚好客户的情绪。以友好的态度来对待客户，营造出一种公平、愉快的氛围，给客户带来良好的感觉。

当客户感到愉快、受到重视时，他就会尽量与销售员沟通，从而可能有更多的机会购买产品。而如果客户感到受到威胁时，他就可能会迅速离开现场，让自己回到安全的范围。所以，安抚客户的情绪是非常重要的。

有一个著名的修车厂的业绩一向比同行要高，原因是这个修车厂的服务原则是"先修人，后修车"。当客户来修车时，心情肯定是不好的，所以先安抚客户的情绪才是更重要的事情。在处理客户异议时也是这样，关注客户的情感、关注客户的需求，真正了解客户的心声，了解客户的心理需求，并对此做出恰当的回应，将会大大提高成交率。

方法二是让客户多说。客户有异议时，如果销售员忽视客户的异议，或者妄加揣测、自行处理，就会引起客户的不满。因此销售员要多听取客户的意见，进一步判断客户的需求。让客户多说本身就是给客户一个发泄的机会，销售员不但可以了解客户的真实想法，还可以平息客户的某些不愉快的情绪，这样双方再沟通起来就简单多了。

注意，如果客户还没有说多少话，销售员就赶紧表态，说出一大堆解决问题的办法，这些办法可能与客户的意见相左，不仅会因打断客户的说话而让客户感到生气，还会向客户透露更多的信息。当客户掌握了这些信息后，销售员就处于不利的位置。如果客户不愿意购买，他就能找出更多的异议理由；如果客户愿意购买，他就会拿这些信息做筹码，来压低成交价格。

方法三是语气不要太生硬。销售员在遣词造句上要特别注意，尽量回避一些生硬的词语。在对客户说话时，也要注意态度诚恳，客户是上帝，切勿伤害了客户的自尊心。如果客户所说的话是错误的或不真实的，销售员也要尽量避免直接指责客户；如果客户所说的话是无关紧要的，销售员可以一笑置之，不予理会；如果有必须指责客户的理由，尽量采用间接指责的方法，先肯定客户的部分观点，然后再指出问题的本质。任何情况下，都要尽量照顾到客户的接受程度和自尊心。

3. 一定要重视自己的承诺

曾经，有个做销售的人讲过这样一件事。

四年前的一天下午，他的老板说下班后请他吃饭，结果到现在已经是四年了，他的老板也没有兑现曾经许下的诺言。

四年里他的老板时常会对人讲下班后请吃饭，可从来没有兑现过。也许这个老板已经习惯了，但是四年来这个销售员却一直记得这件事。

现在大家想一下，这个老板给人的印象，肯定是一个不守信用的家伙。

相信每一名销售员，都希望在顾客的心目中留下诚实、守信的印象，那么在实际销售中对自己许下的诺言，就应该立即去做、去兑现。

据研究发现，当一个人在对另一个人做出一项承诺后，如果能够立即行动并做到的话，更易打动对方；若只有承诺却无对现，则会损害两个人的关系。在日常交往中，都已经习惯了"下次再说""有时间的话"等说法，而且这些话用得比较频繁。比如，你所住的小区里新开了一家风味餐厅，你对朋友说："下周我请你，我们一起去吃吧。"你与朋友的约定，由于没有定下具体的时间，于是也就这么从下周一一直无限拖下去，或者根本就给忘记了，约定一直没有实现过。大家试想一下，这样的做法对两个人之间的关系是否会带来一些负面的影响呢？

当然，在销售之中也是如此，很多销售员口中常挂着"过几天就会有机会的，到时我们再一起合作吧"。当这句话从销售员嘴中说出来时，简直就像是跟别人打招呼一样随便说出来的。如果遇到一位很认真的客户，那么他就会认真地等待。几天过去了，客户没有等到任何的信息，于是打去电话问明原因，这时销售员才突然想起来，即使其脑筋反应再快，也无法改变失信于客户的事实。很多销售员就这样白白损失了大量客户，更有甚者还不知道是由于何种原因而流失客户的。

由此可见，作为一名销售员，一旦做出承诺或约定，就要想办法去兑现，同时这也是打动对方的有效技巧之一。

张乐从事的是IT产品销售。有一天，他得知一位客户的新店将要在第二天开张。于是，他答应送一个花篮去为其祝贺。可没想到的是，第二天竟然下起了瓢泼大雨，他开始有些犹豫了，但考虑到自己的承诺，经过一番激烈的思想斗争后，他最终还是拿起雨衣，包好花篮，骑上摩托车，冲进了滂沱大雨中。大雨下个不停，似乎有意和他作对，越下越大。然而，这个客户又在比较偏僻的乡镇，要知道乡间的小道，在雨天里越来越泥泞。突然，摩托车熄火了。他站在雨中，看着熄火的摩托车，他流下了委屈而无助的泪水。但泪水归泪水，他对自己说："自己承诺的事一定要办到。"于是，他擦干泪，推着车，继续往前走。50分钟后，当他浑身泥水地站在客户的新店门前时，客户感动地流下了泪水。

大家想想看，如此的诚意，这位客户能不对张乐产生信任感吗？当然，类似的事情可能会发生在每名销售员的身上，对客户承诺的事情，一定要做到，并且要立即去做，要尽可能的提前兑现，因为只有这样做效果才会更好。

有一次，一名培训师在一家公司做培训，那家公司的经理非常热情，不仅在培训中给予了很多的支持与帮助，而且在培训师结束培训准备离开的时候，还买了一些当地的特产送给培训师，这位培训师很是感动。刚好，当时那位经理也要到广州参加一个培训会议，于是他们一道前行。由于之前在聊天的时候得知那位经理对广州的糕点非常感兴趣，为了向他表示感谢，培训师说："在你参加完课程回去的时候，我一定要准备些广州的糕点给你带回去。"为这件事情，培训师还特意吩咐了自己公司的职员在那位经理离开的当天带上自己买的东西去送他。

后来，那位经理在准备离开广州的时候与培训师电话辞别，培训师问对方自己公司职员有没有去送他，经理回答说没有看到。培训师当时一听就懵了，心里想："怎么会是这样呢？都已经说好的了，怎么会变卦呢？我是不能允许这种事情发生的。"于是，他放下电话，立即给那名职员打电话询问情况，原来是由于其工作脱不开身便没有去送那位经理。尽管如此，培训师还是非常生气，在电话中就毫不客气地表示了愤怒之情。打完这个电话，培训师再一次致电给了那位经理，向其表示深深的歉意。

第二天，培训师召开了全公司会议，重点讨论了这个问题。"工作本无小事，销售工作更是体现于细节之中。对我们而言，有些事情看上去很小，而对客户来讲，再小的事情也是大事！"

现如今，"承诺的事情一定要做到"这条原则已经成为这家公司企业文化中的一部分。

中国有句古话叫"一诺千金"，销售员在与客户打交道时更要做到诚实守信，说到的一定要做到，并且还要尽快、尽早做，这样才能打动顾客，从而赢得顾客的信任，同时客户对销售员也能做到遵守承诺。

众所周知，现在的市场环境是买方市场，在产品销售中竞争是异常激烈的，每名销售员都应学会关怀客户，那将最终收获稳固的客户群。

因此，销售员在与客户打交道的过程中，一定要重视自己的承诺，要做到不轻许承诺，一旦作出承诺了就要兑现。

4.　多让客户说"是"

针对客户的异议，销售员应该充分发挥个人的口才，引导客户向设定的预期方向转化——多让客户说"是"。具体方法如下：

（1）提前进行巧妙的暗示

销售员在开始同客户面谈时，就应有意从正面、积极的角度向客户介绍商品。例如："先生，您的家里如果用本公司的装饰产品，那您家肯定会成为这个小区中最漂亮的房子！""本公司的储蓄型保险是您投资的好选择，5年后开始返还，您获得的红利正好可以支付您儿子的大学生活费！"在暗示之后，要给客户一些充分的时间，以便这些暗示逐渐渗透到客户的脑海里，进入客户的潜意识。

当认为已经到了探询客户购买意愿的最好时机时，销售员可以这样说："先生，您刚搬入新建成的高档住宅区，难道不想买些本公司的商品，为您的新居再增添几分现代情趣吗？""为人父母，都要尽可能地让儿女受到良好的教育，您考虑过筹集费用的问题吗？我建议您向本公司投保。""您有权花钱买到最佳商品，所以可别错过这个机会，买我们的商品吧！"

利用以上方法给客户一些暗示，客户的态度就会变得积极起来，等到进入销售环节，客户虽对之前销售员的暗示仍有印象，销售员再试探客户的购买意愿时，客户会再度想起那个暗示，客户讨价还价、办理成交又要经过一些琐碎的手续，所有这些，都会使客户在不知不觉中将销售员预留给他的暗示，当作默认的想法，而使情绪受到鼓励，投入更热情的商谈，也避免了节外生枝的异议。

（2）设法让客户说"是"

尽量避免涉及让客户说"不"的问题，而在谈话之初，就要让客户说"是"。销售之初的话是很重要的，请看下面的这个例子："有人在家吗？……我是汽车公司的。今天，我是为了轿车的事情前来拜访的……""车？对不起，现在手头紧得很，还不到买车的时候。"很显然，对方的答复是"不"。而一旦客户说出"不"后，要使他改为"是"就很困难了。因此，在与客户面谈之前，首先就要准备好让对方说"是"的话题。例如，销售员递上名片，表明自己的身份，同时说："在拜访您之前，我已看过您的车了，这间车库好像刚建成多久嘛……"只要说的是事实，客户必然不会否认，而只要客户不否认，自然也就会说"是"了。就这样，销售员已顺利得到了客户的第一句"是"。这句话本身，虽然不具有太大意义，但却是影响销售进程的一个关键。

"那您一定知道，有车库比较容易保养车子喽？"除非客户存心和销售员过意不去，否则，客户必然会同意销售员的看法。这么一来，销售员就得到第二句"是"了。如果客户真要提出异议，那不仅仅是口头上的否定，客户所有的生理机能也都会进入异议的状态。然而，一句"是"却会使整个情况为之改观。所以说，比起如何使客户的异议变为认可更为重要的是，如何让客户没有异议。

（3）引出客户的真心话

"考虑看看再说"也是客户经常使用的异议理由之一，话虽然说得婉转，但真正的想法可能是："我不打算买，随便敷衍一下，使一下缓兵之计。"在这种情况下，销售员倘若认为目前时机尚未成熟，真的让客户好好考虑一下，日后再来听取佳音，就错过了一次销售机会，要处理这种状况是有点棘手，因为客户会说出这句话，多半是在销售员已经做了相当程度的说明，就算销售员勉强再补充说明，效果也不会很好。

销售员："可是您先前也说过孩子的教育费用……"

客户："所以我才说要再考虑一下！"

销售员："但是……"

客户："你实在很烦！让我多考虑一下不行吗？"

即使客户先前一直表示赞同，但是面临重要关头却又退缩时，销售员必须改变沟通方式，从另一个角度引出客户真正的想法，比如说"您是很想买，但是缴费负担太重"，若能让客户说出真心话，就有希望进一步促成交易。所以，销售员要懂得调适自己的心态，要有"被异议是当然的事"的心理准备，不能恐惧被异议，要坚强地面对客户的异议，引导客户说出真心话。

面对异议时，销售员应该调整态度让客户感觉其异议受尊重。只有客户感到自己的异议被重视，才会相信销售员会全力解决问题而不是随口应付，才会说出心里话，提供更多的信息。

（4）进行积极的询问

一般情况下，异议的背后通常有很复杂的原因。在没有确认客户异议的重点和程度之前，销售员直接处理客户的异议，往往只是治标不治本，甚至有可能引起更多的异议。因此，积极地向客户询问就尤为重要，多问一些"为什么"，让客户自己说出原因。在询问客户问题时，多问一些开放性的问题，这样客户就会说出更多的信息，销售员可以更好地做出判断。

（5）表达自己的诚意

在面对客户的异议时，销售员可以运用以下回答来表明诚意："这是我们的责任……是我的错……""您这么考虑是正常的，不过……""最迟今天下午5点时，我会给您满意的答复的。""我现在就给经理打电话。""我立刻去办。"而对于一些情绪化的异议，如"这个包装太难看了""我不喜欢这个款式"等，销售员只要面带微笑就可以了，这些意见和眼前的交易没有太直接的关系，销售员只要以诚恳的态度对待顾客，然后迅速转移话题。

（6）回答客户的异议

称职的销售员，不但懂得如何找出客户异议的问题所在，准确回答客户的问题，还要善于选择适当的时机，这样的销售员会取得更大的成绩。一般情况下，异议是需要立刻回答的，这既是对客户的尊重，也是促成客户购买的因素之一。

5. 积极消除客户对你的反感

在现实的生活中，通常会遇到一些对自己反感的人。这些人可能是你的邻居或低头不见抬头见的同事，因为这样或那样的原因，他们不太喜欢你，甚至有些讨厌你。大家都知道，与一个对自己反感的人相处、共事，就会有很多的困难。所以，在很多的时候，都不得不去想办法来消除他们对自己的反感。

至于别人对自己反感的理由，可能是自己非常清楚的，也可能是自己百思不得其解的，不知自己到底哪里做错了。对于第一种情况，消除反感相对容易些，首先，是谨言慎行，让对方的反感随时间的慢慢流逝而逐渐消逝；再者，是针对对方的反感原因，采取一些补偿性的措施。

但是，如果遇到第二种情况的话，问题的解决就会相对困难一些。因为自己并不知道别人反感的缘由，自然也就不知道在这些人面前，哪些行为是应该避免的，什么样的补偿性措施才是有效的。

在这种情况下，如果采取直截了当的询问通常不会有结果，反而容易引发对抗，所以不妨将自己的姿态放低一些，找个机会主动请求对方指出自己究竟在哪方面做得不妥。一个人对另一个人的反感，很可能只是对其某些言行持否定态度而已，只要能够让对方感觉到你是真心实意的，那么对方十有八九也会以诚相待，且对你的反感也会消除一部分。同时，你也就知道了对方对自己反感的原因，而选择正确的补救措施。

同样的道理，如果在你的销售工作中遭受客户的反感，那么你也可以采用这种办法，请求这位反感你的客户给予批评。

有一次，销售员张雷听说一家将要开业的酒楼需要几台抽油烟机。于是，他来到这家酒楼，向那里的老板推销几款抽油烟机，结果不知道什么原因被老板毫不客气地拒绝了。

不过，张雷没有轻易放弃这次机会。在离开酒楼不久，他开始重新思考销售对策。他很快就有了主意，于是又转身重新回到酒楼。

当张雷再次见到老板时，还没有等对方开口，他就抢先一步说："我这一次不是向您来推销抽油烟机的。我只是想向您请教，当我进贵店推销时，我的言辞、动作及态度等行为是不是有不妥当的地方，请您指点迷津。因为，我是个新手，在您的面前又是晚辈，您有阅历，各方面都比我有更丰富的经验。我恳求您给予指点，帮我改进。"

请求他人给予自己批评，这让原本对张雷反感的老板大吃一惊，也被其真诚所感动。他一改拒人千里的冷漠态度，向张雷提出了一些批评建议。最后，这位老板还购买了张雷的几款抽油烟机，并答应等到另一家店开业时还会订购他的抽油烟机。

这样，通过请求对方给予批评的方式，张雷赢得了许多珍贵的忠告、友谊及订单。

为什么会是这样的呢？

因为，张雷虚心地向对方求教，请求对方给予批评的这一低姿态，传递了以下信息。

（1）能够让对方感觉到你是非常尊重他的。

（2）你承认对方在很多的方面都比自己强。

（3）你承认自己在很多方面存在不足。

（4）你非常渴望得到对方的指教。

这时请大家试想，任何一个人在面对一个尊重自己、渴望得到自己指导并且品质谦卑的人时，绝对不会心生恶意、心存反感。

6. 尽量避免直接否定客户

销售过程中，当客户的异议来自不真实的信息或者误解时，销售员可以使用直接否定法，这样可以直接扭转客户对问题的看法，从而消除异议。不过，在直接否定客户看法时，销售员一定要注意语气和措辞，因为直接否定客户是一种危险的方法，处理不好就会让客户恼羞成怒，直接拂袖离去。

在实际销售中，应该尽量避免直接否定客户。大多数情况下，直接反驳客户，容易使气氛僵化，会使客户产生敌对心理，不利于客户采纳销售员的意见。但是，如果客户的反对意见源自对产品的误解，销售员也确信自己有能力说服客户，就不妨直言不讳。但在反驳客户时，一定要注意用友好而温和的态度，最好能引经据典，以绝对优势说服客户，并能增强客户对产品的信心。

（1）把握好直接否定客户时的度

客户："我不会跟你们合作的，因为贵公司经常延迟交货，简直是糟糕透顶。"

销售员："孙经理，您这话恐怕不太真实吧？在我接触的客户中，还没有客户这样讲的。他们都认为本公司的信誉是很好的，在同行之间也是有口碑的。你这么说，可否举出一个实例？"

在这个案例中，这样的问题是必须直接反驳的，因为"延迟交货、不守信誉"是异议的重点。如果真有此事，客户必然能够举出实证，销售员应该立刻向上级反映，设法挽回。但如果客户的说法只是传言，并无实在的证据，客户无词可言，只好自寻台阶下场，异议的问题也就得到了解决。

直接反驳客户异议时，销售员应该注意以下几点：

①态度要委婉。直接反驳客户的异议，必然会在一定程度上引起客户的不快，为了避免触怒客户，销售员应该态度真诚、语气诚恳、面带微笑。切勿怒言斥责或者挖苦客户，如："如果贵公司坚持这个价的话，请为我公司的员工准备过冬的衣服和食物，总不能让我们的员工饿着肚子、瑟瑟发抖地为你们干活吧。"

②对事不对人。在直接反驳客户时，最忌讳的就是伤害客户的自尊，销售员委婉说话的同时，还要考虑客户的感受，并尽量把反驳意见针对事情本身，而不要针对客户，这样可以尽可能降低客户产生不良心理感受的比例。

③针对性询问。如果客户的异议是以问话形式提出的，运用直接反驳法给对方一个肯定、自信的答复，在语气上并不会给对方造成多大的心理伤害。

（2）用间接反驳代替直接反驳

直接反驳客户，容易使双方沟通的氛围僵持且不友好，即便可以说服客户，但也容易使客户产生敌对心理，不利于客户接纳销售员的意见和建议。如果可能的话，销售员应尽量采用间接反驳法来代替直接反驳。

间接反驳客户，指的是销售员在听完客户的异议后，先肯定对方异议的某一方面，再陈述自己的反对意见，这种方法又叫作迂回否定法。

例如，客户说："你们这个项目，并不如你说得那么完美，其中有不少的漏洞存在。"如果销售员直接反驳："孙经理，你错了。你根本没有听明白我的意思。"必然会引起对方的不快，给对方造成心理压力。如果销售员说："孙经理，您说得对，一般客户在看待这个问题时，会有和你相同的看法。即使我自己，也会这样想。但如果仔细地想一想，再深入研究一下，您就会发现……"这样对客户说，容易扭转客户的想法，逐渐让客户同意你的说法。

使用间接反驳法，可以采用以下两种方法：

①转化异议。这种方法指的是将客户的异议转变为说服客户购买的理由，虽然也是反驳，但表达上不容易被客户注意，是直接转入问题。客户说："很抱歉，我财力有限，现在没钱购买。"销售员："您可不要这么说，我想正因为财力有限，现在才是更好的机会。现在房价上涨得这么快，能赶早就不赶晚啊。"

②肯定形式，否定实质。每个人都渴望被理解和认同，间接反驳客户，可以先从对方的意见中找出彼此同意的内容予以肯定，产生共鸣之后再借势说出不同看法。这里肯定的只是次要的部分，否定的是问题的本质，但容易被对方接受和认同。

7. 谨慎处理客户的过激异议

某商场负责采购的经理在采购一批某厂家的洗发水时，想在价格上争取到最低折扣，他挖空心思地去找毛病，并且，在抽样中，还真的发现了一瓶分量不足的产品，于是便趁机以此为理由，采取不依不饶的态度，坚决地讨价还价。

不料，厂家派来的销售员经验非常丰富，他很平静地回答了这位经理："经理，你知道美国有一个专门生产军用降落伞的工厂吗？其产品的不合格率为万分之一。当我们听到这个数字时会不会为他的高质量感到惊讶呢？尽管不合格率很低，尽管质量已经非常好，但同样意味着，在一万名士兵中就会有一名士兵因降落伞的质量问题而牺牲，无论是落到谁的头上，都是残忍的。当然，拿士兵的生命开玩笑是他们不能容忍的，同样军方也是不能容忍的。于是，他们在每次进行抽检产品时，就会让工厂的主要负责人亲自跳伞做试验，从那以后，产品的合格率全为百分之百。同样的道理，如果你们提货后，能将那瓶分量不足的洗发水赠送给我的话，我将会和公司的相关负责人一起分享。这可是我公司成立15年以来，首次使用免费产品的好机会啊！"

这位销售员的回答非常有水准。首先，他讲了一个故事，通过这个故事来缓和僵持的气氛，并以此来降低客户的烦躁。然后，在后面的解说中，销售员阐述了拒绝的理由，即针对合格率告诉客户，这份不合格产品存在的合理性，从而让那位采购经理无话可说。

在销售过程中，类似过激的异议经常会碰到，它是客户把一个问题严重化的表现，并且通常是由那些脾气比较暴躁的客户，或者是一些别有用心的客户有意提出来的。对于这些过激的异议是必须解决的，如果不及时解决的话，不仅会失去一位客户，还会影响其他潜在客户的购买选择。在处理过激异议时，首先不能被这种异议的攻势所吓倒，不要表现出紧张和不知所措，更不要因此而愤怒，或者以其他的情绪来表达。而是要用平常心来对待，才能更自如地处理问题。

在面对过激异议时，要立刻做出反应，一旦拖延时间，就越不容易控制局势。当然，这是对销售员的一个严峻挑战，即使时间紧迫、情况紧急，销售员也要进行思考，理清思路。大家可以从以下几个方面来进行分析。

（1）客户提出此异议的动机是什么？

（2）客户提出的异议是否真实？

（3）客户提出异议的关键在哪里？

（4）这种异议实际的重要程度如何？

通过这些分析以后，就可以更准确地对待了。在很多的时候，客户的异议是过激的，而这很可能与其心情不好有关系。比如，是否刚和老婆吵了一架？或者是不是刚被领导批评过？在这种情况下，客户提出的异议本身可能只是一些小问题而已，此时销售员最佳的处理办法就是控制好局面，做到不和客户争执，并想办法引导其静下心来，即可。

处理过激异议是有很多技巧的，具体内容如下。

（1）忽视法

这是销售员最常用的方法，此方法的核心就是不要过分在意客户的异议。

一名销售员在拜访经销商时，经销商一见到他就抱怨起来："你们这次的广告拍得太烂了，怎么能找个一点也不出名的人啊，大家看了都不认识，这样的话，怎么能引起老百姓的注意呢？为什么就不考虑找明星呢？

你们的广告拍成那样了，现在我真是对以后的销售没有什么把握！"

当遇到诸如此类的反对意见时，尽管客户表现出的是怒气冲冲，但销售员无须做出详细解答来。因为，作为一名销售员是解答不好这种问题的，另外，如果给予解答势必会说出公司的机密。其实，经销商这么说的真正异议应该另有原因，所以对于这样的问题，你只需要面带微笑，同意他就是了。

当顾客提出的异议和眼前的交易扯不上任何关系时，销售员没有必要多加解释，避免节外生枝，可以表示同意对方的看法，或者是对对方的看法表示赞赏。只要，能够满足客户表达的欲望，就可以迅速引开话题，而忽视法的真正用意就在于此。

（2）"太极"法

顾名思义，就是指使用太极中借力使力的技巧，利用对方的问题来攻击其异议以达到解决问题的目的。此法运用到销售上，就是当客户提出不购买产品的异议时，你可以立即回复说："我认为，这正是你应该购买的一个重要的理由……"这样就可以将顾客的反对意见，直接转换成他为什么必须购买的理由。

在日常生活中，此法也是经常被用到的。比如，当你和同事或朋友一起吃饭，他们劝你喝酒时，你却以不会喝酒来拒绝，此时他们会说："就是因为你不会喝，才应该多喝多练，要不怎么会喝呢？"

下面是一则销售中的实例，通过这个例子大家就能感受到太极法的优势所在了。

经销商："你看你们公司，将大把的金钱都花到做广告上面去了，能有什么用啊，这样浪费金钱还不如把钱省下来，降低我们进货的折扣呢。这样让我们的利润多一点，我们也能更加努力地为你们卖货。"

销售员："您的意思我明白，就是因为我们在宣传的过程中投入了大量广告，客户才会被吸引来购买这种产品。同时，此做法不也是为您节省了为扩展市场而做宣传的时间和精力吗？并且，在客户前来购买时，也有利于提高其他产品的销售。由此可见，您的总利润还是很大的啊！"

（3）小恩小惠法

客户："这种产品也太贵了啊，我可支付不起啊，你别再缠着我了。"

销售员："是的，我想大多数人都和您一样，是不容易立即购买这东西的。我们也考虑到了这个问题，所以您可以采用分期付款的方式，每个月支付一点，这样一来就一点也不会感觉费力了。"

被别人反驳会使人感到心里不舒服，甚至还会恼羞成怒，这是人的通病。所以，销售员应该注意这一点，不能直接反驳客户，可以采用这种"小恩小惠"的方法，即当销售员在表达不同意客户的一些观点时，尽量运用"是的"先肯定客户的这些想法，再用"如果"来软化其不同意见，这样客户接受起来就容易一些。比如，可以对客户说："平心而论，在一般情况下，你的意见是正确的。如果状况变成眼前这样，你看我们是不是该……"

（4）补偿法

客户："你这款皮衣的设计和颜色都不错，不过这种料子的品质可不怎么样啊！"

销售员："您真是好眼力啊，这种皮料的确不是最好的，因为要是选用最好的皮料，就肯定不止这个价了，至少也是现在这个价格的6倍。"

如果客户提出的异议是有事实根据的话，销售员就应该承认并欣然接受，而否定客户所说的事实则是最不明智的举动，只会让客户对销售员产生更大的意见。同时，销售员应该给予客户一定的补偿，让其获得一种心理平衡。

8. 正确处理客户异议的常用方法

在销售过程中，客户会随时提出各种疑问或是用各种理由来挑剔商品，包括对商品的性能、质量、外观、价格、售后服务等方面有不清楚、需要进一步解释的问题，或是对商品不信任而产生的某种疑义，也有可能是其他的异议。

客户对商品提出反对意见是销售活动中的一种必然现象，既是成交的障碍，又是客户有购买意向的征兆。如果客户没有购买的兴趣和动机，也就不必在商品上多费心思和口舌了。实际上，客户提出反对意见使其参与到了销售活动中来，说明他期望与销售人员沟通信息。

根据不同客户的反对意见，销售人员应选择相应的处理方式，并加以解释和说明。这种回答和解释的过程，实质上就是说服的过程。在这个过程中，销售人员绝对不能把反对意见变为对销售有影响的负面效应，失掉销售时机。下面就是一些常用的客户异议处理方法。

（1）"但是……"处理法

比较下面的两种表达方式，推介效果是否差异很大呢？

客户甲："你根本就没有了解我的意思，因为状况是这样的……"

客户乙："平心而论啊，在一般的情况下，你说的都很正确，如果状况变成这样子的话，你看我们是不是应该……"

销售员甲："您的想法非常不正确，因为……"

销售员乙："您有这样的想法，也是应该的，记得当我第一次听到时，我和您的想法完全一样，可是如果我们再做进一步的了解的话……"

如果采用销售员乙的方式来表达自己不同意见的话，那么这名销售员将会受益无穷。对于那些自我表现和故意表示反对的客户，销售员则不必与他们讨论看法，但为了不忽视客户，销售员还要在言语上附和以求得一个稳定的销售环境，从而避免了双方在枝节上的讨论、解释和无谓的争辩。在保证客户不会提出反对意见的前提下，销售员可以主动推进销售进程，在商品的介绍中，自行消除这种异议。比如，销售员可以说："您说得对极了，您似乎在这方面很在行。我们还是来看看商品的内部结构吧。""您真会开玩笑啊，这个商品与众不同的地方……"然后，再恰到好处地运用其他销售技巧和手段。

对于客户的异议，要抓住其中的漏洞。这些明显的漏洞，肯定与事实有一定的差距，销售员在改变客户的看法时，一方面，要肯定其某些观点，表现出对客户的理解，从而建立信任关系；另一方面，销售员要针对偏见中的漏洞去进行说服，用事实击破偏见。

（2）先发制人法

当客户可能要提出某些反对意见时，最好的办法就是销售员先提出来，然后采取自问自答的方式，主动消除客户的疑义。这样不仅会避免客户反对意见的产生，同时销售人员坦率地指出商品存在不足还能给客户一种诚实、可靠的印象，从而赢得客户的信任。但是，销售员千万不要给自己留下绊脚石，要记住：在主动提出商品不足之处的同时，也要给客户一个合理的、圆满的解释。例如，"您现在可能在考虑压力过大了，不必担心，这个安全阀的作用正是防止压力过大的。"

（3）询问法

从客户的反对意见中找出误解的地方，再以询问的方式来征询意见。例如，一位客户正在观看一把塑料把柄的锯，问道："为什么这把锯的把柄要用塑料的而不用金属的呢？看起来像是为了降低成本。"销售员：

"我明白您说的意思，但是，改用塑料柄绝不是为了降低成本。您看，这种塑料是很坚硬的，和金属的一样安全可靠。您使用的时候是喜欢又笨重、价格又贵的产品呢，还是喜欢既轻便、价格又很便宜的呢？"

（4）引用比喻法

通过介绍事实或比喻以及使用展示等（如赠阅宣传资料、商品演示），用较生动的方式消除客户的疑虑。例如，客户说："一张好好的脸上抹那么多层化妆品，那还不抹坏了呀！"导购小姐回答："您看，裹在很多层衣服里面的皮肤，因为衣服阻隔了大部分的阳光照射和空气中的粉尘、污垢，不容易受到伤害，所以皮肤就细嫩。但是面部皮肤就不一样了，它会因为经常受到阳光的暴晒导致黑斑的产生，皮脂腺分泌出的油脂沾上了空气中的粉尘和污垢之后，就很容易阻塞毛细孔，使皮肤产生黑黄色素、面疱、粉刺和过敏等问题。所以我们应该给面部皮肤穿上衣服。"

（5）自食其果法

使客户对商品提出的缺点成为他购买商品的理由，这就是自食其果法。对压价的客户，可以采用这种方法。例如，某客户说："你们的制度为什么那么死，不如别的商家灵活，你们能卖出去吗？"此时，销售员要用肯定的语气回答："因为某某商品是以质量过硬创建品牌，而不是通过销量高创建品牌，商店一直认为没有一个严谨的、稳定的制度是不能制造出好的产品来的，也不能对消费者负责。您说呢？"

（6）迂回处理法

当客户的异议错误时，运用迂回法对促销更加有效。迂回法是当客户提出某些不愿购买的异议时，销售员立即将客户的异议转换成其必须购买的理由。迂回法能处理的异议多半是客户并不十分坚持的，特别是客户的一些借口。迂回法最大的目的是让销售员能及时处理异议，并且迅速地陈述该商品能带给客户的利益，以引起其注意。但是，若使用不当，客户就会觉得销售员在钻他的空子，并感到有损自尊。

客户："就我这种身材，穿什么都不好看。"

导购员："您说的不是很在理啊。正因为身材不好，所以才需要衣服的修饰。"

（7）运用比喻处理法

对商品不太了解的客户，销售员需要做进一步的解释，可以通过介绍事实或运用比喻，来消除客户的疑虑。其中，运用比喻的好处就是能化抽象为具体，把一些深奥的道理变为容易理解的事物，以助客户的认识产品。

客户："还是进口奶粉好，不用担心什么。你们的奶粉我不要。"

销售员："您看，我们的奶源是来自于天然放牧的大草原，纯正无污染，而一部分进口奶粉是用工业化圈养奶牛的奶生产的，这就好像是吃饲料的鸡生的蛋和土鸡生的蛋的区别。当您买鸡蛋时，一定是希望买土鸡蛋吧，那么买奶粉呢？"